Polynômes, Circuits Arithmétiques, et Chaînes Additives

Yara Elias

Polynômes, Circuits Arithmétiques, et Chaînes Additives

Représentation d'un polynôme par un circuit arithmétique et chaînes additives

Éditions universitaires européennes

Mentions légales / Imprint (applicable pour l'Allemagne seulement / only for Germany)
Information bibliographique publiée par la Deutsche Nationalbibliothek: La Deutsche Nationalbibliothek inscrit cette publication à la Deutsche Nationalbibliografie; des données bibliographiques détaillées sont disponibles sur internet à l'adresse http://dnb.d-nb.de.
Toutes marques et noms de produits mentionnés dans ce livre demeurent sous la protection des marques, des marques déposées et des brevets, et sont des marques ou des marques déposées de leurs détenteurs respectifs. L'utilisation des marques, noms de produits, noms communs, noms commerciaux, descriptions de produits, etc, même sans qu'ils soient mentionnés de façon particulière dans ce livre ne signifie en aucune façon que ces noms peuvent être utilisés sans restriction à l'égard de la législation pour la protection des marques et des marques déposées et pourraient donc être utilisés par quiconque.

Photo de la couverture: www.ingimage.com

Editeur: Éditions universitaires européennes est une marque déposée de
Südwestdeutscher Verlag für Hochschulschriften GmbH & Co. KG
Heinrich-Böcking-Str. 6-8, 66121 Sarrebruck, Allemagne
Téléphone +49 681 37 20 271-1, Fax +49 681 37 20 271-0
Email: info@editions-ue.com

Produit en Allemagne:
Schaltungsdienst Lange o.H.G., Berlin
Books on Demand GmbH, Norderstedt
Reha GmbH, Saarbrücken
Amazon Distribution GmbH, Leipzig
ISBN: 978-3-8417-9538-0

Imprint (only for USA, GB)
Bibliographic information published by the Deutsche Nationalbibliothek: The Deutsche Nationalbibliothek lists this publication in the Deutsche Nationalbibliografie; detailed bibliographic data are available in the Internet at http://dnb.d-nb.de.
Any brand names and product names mentioned in this book are subject to trademark, brand or patent protection and are trademarks or registered trademarks of their respective holders. The use of brand names, product names, common names, trade names, product descriptions etc. even without a particular marking in this works is in no way to be construed to mean that such names may be regarded as unrestricted in respect of trademark and brand protection legislation and could thus be used by anyone.

Cover image: www.ingimage.com

Publisher: Éditions universitaires européennes is an imprint of the publishing house
Südwestdeutscher Verlag für Hochschulschriften GmbH & Co. KG
Heinrich-Böcking-Str. 6-8, 66121 Saarbrücken, Germany
Phone +49 681 3720-310, Fax +49 681 3720-3109
Email: info@editions-ue.com

Printed in the U.S.A.
Printed in the U.K. by (see last page)
ISBN: 978-3-8417-9538-0

TABLE DES MATIÈRES

ii

LISTE DES FIGURES

iv

NOTATION

$\mathbb{Z}$	$\{\cdots, -2, -1, 0, 1, 2, \cdots\}$
$\mathbb{N}$	$\{1, 2, \cdots\}$
$A[x]$	l'ensemble des polynômes univariés de coefficients dans A
$\emptyset$	ensemble vide
$\lfloor x \rfloor$	plancher de x
$\lceil x \rceil$	plafond de x
$\lambda_g(n)$	$\lfloor \log_g(n) \rfloor$
$\mu_g(n)$	nombre d'éléments non nuls dans la représentation de n en base g
i	racine carrée de -1, $i = \sqrt{-1}$
$|n|_i$	nombre d'occurences de "i" dans la représentation de n
$l_g(n)$	longueur minimale d'une g-chaîne additive pour n
$l_g(n)^*$	longueur minimale d'une g-chaîne additive étoile pour n
$\binom{a}{b}$	combinaison de b parmi a
$n = (m)_b$	n s'écrit comme m en base b
$a \equiv b \bmod c$	c divise $(a - b)$
$\tau(n)$	nombre de diviseurs propres positifs de n
$o(1)$	fonction $f : \mathbf{N} \to \mathbf{R}$ telle que $f(n)$ tend vers 0 lorsque n tend vers l'infini
$\mathbf{Z}[w]$ où $w = e^{\frac{2i\pi}{n}}$	plus petit sous-anneau de $\mathbf{C}$ contenant $\mathbf{Z}$ et w

vi

(dédicace)

A Rayanne, Jean et Greta, mes premiers amours, et mes premières passions.

viii

REMERCIEMENTS

Je remercie mon directeur de recherche Pierre McKenzie pour le temps qu'il a consacré à nos discussions et réunions hebdomadaires, l'enthousiasme qu'il a suscité de manière renouvelée grâce à ses encouragements et sa confiance, l'attention qu'il a accordée à mes idées et la rigueur et direction qu'il y a apportées, et le support qu'il m'a offert lorsque des problèmes se sont posés.

Je remercie mon co-directeur de recherche Andrew Granville de m'avoir suggéré idées et références intéressantes, de m'avoir incitée à donner des conférences et assister à des séminaires, et de m'avoir aidée dans mon orientation.

Je remercie mes deux directeurs de recherche pour leur contribution à ce mémoire. Leurs suggestions et corrections et leur direction m'ont permis d'améliorer certains résultats et de mieux présenter le sujet.

Je remercie les membres du jury Alain Tapp et Michel Boyer pour le temps qu'ils ont consacré à la lecture de ce mémoire et pour les améliorations qu'ils ont proposées.

Je remercie mes parents Jean et Greta, et ma soeur Rayanne pour leur soutien, leur intérêt et leur approbation.

Je remercie mon ami et collègue Jean-Michel Tremblay de m'avoir aidée à programmer, et d'avoir pensé que je prouverais de grands théorèmes.

Je remercie Kamel Belbahri qui a été mon mentor tout au long de mon parcours universitaire.

Je remercie le FQRNT de m'avoir accordé une bourse qui m'a permis de poursuivre ma maîtrise.

x

CHAPITRE 1

INTRODUCTION

1.1 La complexité algébrique du calcul

La complexité du calcul est l'étude des ressources (espace, temps, ...) nécessaires au calcul, et de ce qui rend certaines fonctions difficiles à calculer. Elle peut être indépendante des machines utilisées (fonctions récursives, lambda calcul, ...) ou basée sur des modèles particuliers (machine de Turing, mémoire vive, ...) avec des contraintes de temps et d'espace, mais alors les résultats obtenus dépendent plus des modèles de calcul que des fonctions étudiées. Pourtant, la machine de Turing est souvent adoptée en tant que référence, parce qu'elle est simple et capture, selon l'hypothèse de Church-Turing, la notion de fonction calculable. Par contre, elle se révèle mal adaptée à la représentation d'objets algébriques comme les polynômes ou les matrices sur une structure infinie. L'évaluation de déterminants de matrices et la représentation de polynômes relèvent de la complexité de calcul dite "algébrique" (ou encore arithmétique), par opposé à des problèmes non numériques comme le tri, la recherche... La complexité algébrique du calcul est l'une de premières branches de la complexité du calcul à avoir été étudiée ; Ostrowski en 1954 [Ost54] et Motzkin en 1955 [Mot69] ont obtenu des résultats de base sur le nombre d'opérations requis pour représenter un polynôme. Ensuite, dans les années 1960, des résultats sur la complexité de fonctions itératives sont apparus, ainsi que de nouvelles constatations sur l'évaluation polynomiale. Mais c'est surtout l'article de Winograd en 1967 [Win67] qui a fait de la complexité algébrique du calcul un domaine à entité à part [BM75]. L'une des contributions les plus étonnantes à ce domaine est peut-être celle de Strassen qui en 1969 a montré que 7 multiplications suffisaient pour effectuer le produit de deux matrices 2x2 [Str69].

En complexité du calcul algébrique, de nombreux modèles ont été étudiés, notamment les arbres de décision algébriques où les noeuds sont des fonctions binaires en n variables entrées du circuit [BM75] et la machine de Blum-Shub-Smale, machine de Turing sur les réels où une opération unitaire de la machine correspond à une opération de $\mathbf{R}$ $(+, -, x)$ et où les tests de la machine correspondent aux relations dans $\mathbf{R}$ $(<, >, =)$ introduite en [BSS89]. Les programmes de branchement arithmétiques (BPA) ont aussi été analysés ; ce sont des graphes dirigés acycliques avec une seule racine et une seule source où les arêtes sont partitionnées en niveaux, allant d'un niveau à celui qui lui est supérieur, et où on assigne à chaque noeud une fonction linéaire. Le polynôme représenté par un BPA est la somme sur tous les chemins de la racine à la source des produits des étiquettes des noeuds [Raz05]. Mais le modèle auquel on s'intéressera est celui du circuit arithmétique, modèle standard de représentation de polynômes.

Un circuit arithmétique sur un anneau F est un graphe acyclique dirigé avec une racine tel que les noeuds de degré entrant 0 sont des variables $x_1, \cdots, x_n$ ou des éléments de F, les autres noeuds sont de degré entrant 2 et consistent en des portes $+$, $-$ ou $*$, qui effectuent la soustraction, l'addition ou la multiplication des deux polynômes entrants.

Le degré d'un circuit est le degré du polynôme obtenu à la racine du circuit. La taille d'un circuit est le nombre d'arêtes qui y figurent tandis que la profondeur d'un circuit est la longueur du chemin dirigé le plus long de la racine à une source.
Ces deux mesures sont reliées par la constatation suivante : les circuits arithmétiques de taille polynomiale peuvent être représentés par des circuits arithmétiques de profondeur polylogarithmique [Str73b, VSBR83].

Dans ce contexte, la pertinence de se permettre des portes $\div$ est relativisée par un théorème de Strassen qui montre qu'étant donné un $\{+, -, *, \div\}$-circuit arithmétique de taille s qui représente un polynôme en n variables de degré r, il existe un $\{+, -, *\}$-circuit arithmétique de taille polynomiale en s, r, n qui représente le même polynôme.

La disponibilité d'outils en géométrie algébrique et théorie des nombres algébrique est un grand atout pour la complexité du calcul algébrique. Et elle est d'autant plus riche qu'à l'une des questions centrales de l'informatique théorique posée par Cook $"P = NP?"$ en 1971 [Coo71], ou en termes moins cryptiques, "peut-on trouver une preuve en temps polynomial à tout problème dont la preuve se vérifie en temps polynomial ?" correspond une version algébrique due à Valiant [Val79b] qui se traduit en termes de circuits arithmétiques :

Si VP dénote l'ensemble des polynômes représentables par un circuit de taille et degré polynomiaux en n, le nombre de variables d'entrées du circuit, sur un anneau A, et VNP les fonctions f qui étant donné un polynôme p en n le nombre de variables de f et une suite (g_n) appartenant à VP s'écrivent comme $f(\bar{x}) = \sum_{\bar{e} \in \{0,1\}^{p(\bar{x})}} g_n(\bar{x}, \bar{e})$, l'hypothèse de Valiant s'énonce comme $VP \subset VNP$. La version non uniforme de la conjecture de Cook sur $\mathbf{C}$, $P/poly \neq NP/poly$ (où les machines de Turing polynomiales respectivement déterministes et non déterministes peuvent recourir à une application déterministe qui étant donné la longeur n d'une entrée retourne une chaîne auxiliaire de longeur $p(n)$ où p est polynomiale en n), sous l'hypothèse de Riemann, impliquerait la version algébrique de Valiant [Bur00]. D'où l'importance du théorème de Valiant qui montre que le problème du permanent (étant donné une matrice (x_{ij}), $perm(x_{ij}) = \sum_{\sigma \in \mathfrak{S}_n} x_{1\sigma(1)} x_{2\sigma(2)} \cdots x_{n\sigma(n)}$) est VNP-complet [Val79a]. Dans le même esprit, il a été montré que $VP = VNC^2$ où VNC^k dénote l'ensemble des polynômes dans VP qui peuvent être représentés par des circuits arithmétiques de profondeur polylogarithmique en $n \log^k(n)$ où n est le nombre d'entrées du circuit [VSBR83]. On pourrait aussi se référer à [Bur00] pour plus de détails.

De manière générale, il n'est pas difficile d'obtenir des bornes supérieures en termes de taille ou de profondeur de circuit arithmétique pour un problème donné, par contre, l'établissement de bornes inférieures exige souvent le développement d'outils techniques avancés et pertinents. On parcourt ci-dessous quelques résultats clés de la complexité du calcul algébrique dans le modèle du circuit arithmétique.

En 1983, Bauer et Strassen ont montré qu'il existe des polynômes en n variables de degré r tels que les circuits arithmétiques qui les représentent ont taille $\Omega(n \log r)$ [Str73a, BS83].

Borodin, Razborov, et Smolensky ont exploité le fait que les bornes inférieures exponentielles pour la taille de $\{\vee, \wedge, \oplus, \neg\}$-circuits booléens de profondeur constante (étudiés) fournissent des bornes inférieures exponentielles pour les circuits arithmétiques sur $GF(2)$ ($*$ se substitue à $\wedge$, et $+$ se substitue au $\oplus$) pour exprimer leurs résultats dans le modèle des circuits booléens en termes de circuits arithmétiques [BRS93].

Pour des corps finis plus généraux que $GF(2)$, des bornes inférieures exponentielles ont été prouvées pour des circuits de profondeur 3 [SW01]. L'article de Agrawal et Vinay [AV08] qui montre que des bornes exponentielles pour des circuits de profondeur 4 impliqueraient des bornes exponentielles sans restriction sur la profondeur laisse entrevoir la nécessité d'un recours à des techniques plus élaborées pour aborder la profondeur 4.

Jusqu'à présent, les seuls modèles où l'on connaît des fonctions pour lesquelles on peut prouver qu'une profondeur superpolynomiale est requise sont plus restreints ; il s'agit de formules non commutatives, multilinéaires [Nis91]... alors que dans le modèle général, on réussit uniquement à prouver des bornes superlinéaires pour des polynômes de degré constant avec des circuits de profondeur constante [Pud94].

Par contre, dans le contexte monotone (où par exemple sur R, les constantes négatives ne sont pas permises), plus de résultats sont obtenus.

Pour plus de détails par rapport au contexte, on pourrait consulter [Raz05, Raz10]

1.2   Motivation de ce mémoire

Dans ce mémoire, on s'intéresse à la représentation de polynômes $\in \mathbf{Z}[x]$ par des circuits arithmétiques, et on suppose que les opérations se font en arithmétique exacte. On définit la complexité de la représentation par le nombre de portes multiplicatives non scalaires requises. Et on cherche à comprendre cette complexité. Différentes considérations motivent cet intérêt dont des applications relatives à la factorisation d'entiers, aux équations diophantiennes (équations polynomiales à coefficients entiers) et aux conjectures encore ouvertes qui relient le nombre de zéros d'une fonction et le nombre d'opérations arithmétiques nécessaires pour sa représentation dans un modèle équivalent à celui du circuit arithmétique.

La cryptographie classique se base sur la difficulté de résoudre certains problèmes dont celui de la factorisation ; l'un des schémas cryptographiques primordiaux, RSA, s'effondrerait si jamais on réussissait à factoriser le produit de deux grands nombres premiers efficacement. Or un circuit qui représente "efficacement" un polynôme $(x - a_1)(x - a_2) \cdots (x - a_D) = C(x)$, $a_1, \cdots, a_D$ entiers distincts, $D \approx 2^n$, pourrait donner une heuristique pour factoriser $N = pq$, p, q nombres premiers $\approx 2^n$. L'article de Lipton [Lip94] apporte beaucoup de perspective là-dessus, en particulier il établit que si pour tout entier m, il existe au moins un polynôme de la forme $(x - a_1)(x - a_2) \cdots (x - a_m)g(x)$ qui peut être représenté par un circuit arithmétique avec moins de $\log^{O(1)} m$ multiplications, où a_i, $1 \leq i \leq m$, sont des entiers distincts, alors la factorisation n'est pas assez difficile pour des applications cryptographiques. Ci-dessous, on explique l'heuristique comme en [BMR09]. En effet, soit $r \in_R \{1, 2, \cdots N\}$. On évalue $C(r)$ efficacement $\bmod N$. Si $a_1, \cdots, a_D$ sont uniformément distribués, $x - a_1, \cdots, x - a_D$ sont uniformément distribués $\bmod N$.

Dans ce cas, la probabilité que p divise $C(r)$ est $\mathbf{P}(C(r) \equiv 0 \bmod p) \approx 1 - \left(\dfrac{p-1}{p} \right)^D$, et $\mathbf{P}(C(r) \equiv 0 \bmod q) \approx 1 - \left(\dfrac{q-1}{q} \right)^D$.

Mais $\left(\dfrac{2^n-1}{2^n}\right)^{2^n}$ tend, quand n tend vers l'infini, vers $\dfrac{1}{e}$.

Ainsi, $\mathbf{P}(\mathrm{PGCD}(C(r),N)$ diviseur propre de $N) = \mathbf{P}(C(r) \equiv 0 \bmod p$ et q ne divise pas $C(r)) + \mathbf{P}(C(r) \equiv 0 \bmod q$ et p ne divise pas $C(r)) \approx \dfrac{1}{2}$.

Ainsi avec probabilité proche de $\frac{1}{2}$, on aura factorisé N (il suffit d'utiliser l'algorithme d'Euclide pour retrouver $\mathrm{PGCD}(C(r),N)$ à partir de $C(r)$ et de N). Sinon, on peut choisir un entier r différent et reprendre le même processus...

La résolution d'équations diophantiennes (existence de solutions, nombres de solutions, familles de solutions), en apparence si simple, peut exiger des outils très profonds (comme le suggère la preuve de Andrew Wiles du dernier théorème de Fermat). Un exemple d'applications des équations diophantiennes est celui de l'équation de Pell qui permet d'approximer la racine carrée d'un entier (non carré) par un rationnel. L'article [BMR09] fait le lien entre une représentation efficace d'un polynôme sur $\mathbf{Z}[x]$ et un problème diophantien qui remonte aux années 1910 du nom de Prouhet-Tarry-Escott (PTE) [Wri59]. Le problème diophantien PTE est défini comme suit : Etant donné deux entiers k et m, le problème consiste à trouver deux ensembles disjoints $\{a_1, \cdots, a_m\}$ et $\{b_1, \cdots, b_m\}$ tels que $a_1^i + \cdots + a_m^i = b_1^i + \cdots + b_m^i$ pour tout $i \leq k$. Lorsque $k = m-1$, une solution à ce problème est dite idéale.

Il a été conjecturé qu'il existe une solution idéale de PTE pour chaque entier m. Et pourtant, on ne connaît pas de solution idéales pour $m \geq 13$ [Cal11].

D'après [BMR09], un circuit qui représente "efficacement" un polynôme de degré 2^n avec 2^n racines entières distinctes où au moins l'une des entrées des portes $+$ et $-$ est un entier implique une solution idéale au problème PTE avec $m = 2^{n-1}$.

Etant donné un corps de nombres K, la conjecture L demande s'il existe une constante c qui dépend seulement de K, telle que pour tout $f \in K[x]$, $N_d(f) \leq (L(f)+d)^c$ où $N_d(f)$ est le nombre de facteurs irréductibles distincts de f sur K de degré au plus d et $L(f)$

est la profondeur minimale de tout circuit arithmétique évaluant $f(x)$ à partir de x et de constantes.

La conjecture L a été introduite en [Bur01] comme une généralisation de la conjecture τ pour laquelle $K = \mathbf{Q}$ dans le but d'avoir un peu plus de perspective et de magnitude pour le choix du corps. La conjecture τ implique $P \neq NP$ sur les complexes [BCSS98], d'où la motivation à résoudre cette question.

Lorsqu'on fixe $K = \mathbf{Q}$, la conjecture τ stipule que la réponse à la question ci-dessus est positive. (L'article [Bur01] donne des exemples où la réponse à la question ci-dessus est négative et montre que s'il existe un corps K pour lequel la réponse est positive, elle le serait aussi sur $\mathbf{Q}$).

S'il existe une infinité d'entiers D pour lesquels des circuits arithmétiques représentent "efficacement" des polynômes $(x - a_1)(x - a_2) \cdots (x - a_D) = C(x)$, où $a_1, \cdots, a_D$ sont des entiers distincts, alors la conjecture L ne tient pas [BMR09].

1.3 Organisation et contributions du mémoire

Le mémoire s'inscrit dans la perspective de représentation optimale d'un polynôme univarié sur les entiers par un circuit arithmétique dont on compte le nombre de portes mutliplicatives (non scalaires) seulement.

Au chapitre 2 de ce mémoire, nous aborderons les chaînes additives qui sont des suites d'entiers formés de la somme de deux entiers déjà dans la suite. Notre contribution sera de généraliser ces suites en permettant des sommes de $g > 2$ entiers. Ces suites reflètent la construction d'un circuit arithmétique (généralisé) sur $\mathbf{Z}$ pour un monôme x^d (lorsque les portes de soustraction ne sont pas permises). D'une part, nous considèrerons différentes manières de construire de telles chaînes additives, d'autre part, nous reprendrons certains résultats connus explicités par Knuth [Knu73] sur la longueur minimale asymptotique de chaînes additives et tenterons de les étendre au cas $g > 2$. Ensuite, nous classifierons les étapes des chaînes additives pour voir que des conjectures qui semblaient naturelles n'ont pas tenu au fil du temps, et que d'autres semblent difficiles à écarter ou valider.

Au chapitre 3 de ce mémoire, après un survol de ce que l'on sait sur le nombre de portes multiplicatives suffisant à la représentation d'un polynôme, on explicitera en premier lieu des polynômes qui peuvent être représentés efficacement par des circuits arithmétiques sur $\mathbf{Z}$ (les entiers), $\mathbf{Z}\left[e^{\frac{2i\pi}{3}}\right]$ (les entiers de Eisenstein), $\mathbf{Z}\left[e^{\frac{i\pi}{2}}\right]$ (les entiers de Gauss), et $\mathbf{Z}\left[e^{\frac{i\pi}{4}}\right]$. Ces exemples permettent de voir des constructions efficaces de circuits arithmétiques, optimales dans certains cas.

En second lieu, on présentera une famille de polynômes que l'on cherche à représenter par des circuits arithmétiques dont on compte le nombre d'additions seulement. La particularité des ces polynômes réside dans la nécessité de recourir à un phénomène dit d'annulation du degré pour les représenter de manière optimale. La complexité de mesurer le rôle joué par ce phénomène dans le modèle qu'on adopte explique la difficulté de trancher quant à la conjecture dite de Strassen à laquelle on s'intéresse (ce phénomène-là peut-il beaucoup jouer ?). La conjecture stipule qu'étant donné un polynôme de degré d, tout circuit arithmétique représentant ce polynôme requiert au moins le nombre minimal d'éléments dans la chaîne additive pour d portes multiplicatives. En troisième lieu, on abordera la conjecture pour certaines familles de degré. Une de nos contributions sera de renforcer un résultat de [BMR09] en ajoutant de nouveaux cas où la conjecture de Strassen est vérifiée, à l'aide d'une méthode exploitant les propriétés des chaînes additives.

"Dans le temps, le rôle des mathématiciens consistait à réfléchir à des questions puis à y répondre, de nos jours, les mathématiciens travaillent sur des problèmes ouverts pour produire de nouveaux problèmes ouverts" [Film Incendies]. On a généralisé le concept des chaînes additives et apporté des familles d'exemples où les circuits représentent des polynômes avec efficacité maximale, mais dans le processus, on a posé de nombreuses nouvelles questions.

CHAPITRE 2

CHAÎNES ADDITIVES

La première fois où les chaînes additives sont apparues dans la littérature remonte à l'année 1894 en laquelle H. Dellac et E. de Jonquières ont semblé s'intéresser aux longueurs des chaînes additives dans l'*Intermédiaire des Mathématiciens 1, (1894), 20, 162-164*. Mais ce n'est qu'en 1937, lorsque Scholz en a donné une définition formelle [Sch37] que la terminologie "chaîne additive" a été adoptée. Et le sujet a lentement progressé vu le grand nombre de fausses conjectures qui ont été émises, et la difficulté à établir des propriétés qui semblaient naturelles (et qui étaient parfois erronnées).

Etant donné x et n, on voudrait savoir comment évaluer x^n de manière optimale, ou au moins, efficace, à l'aide d'un circuit arithmétique, d'où l'intérêt d'étudier les chaînes additives pour n. Par ailleurs, un circuit arithmétique peut avoir degré entrant 2 mais il peut aussi avoir degré entrant arbitraire qu'on va appeler "g". L'importance du modèle général de circuit arithmétique dans la hiérarchie de la complexité du calcul a motivé l'intégration de ce paramètre g, qui soulève notamment de nouvelles questions quant à la conjecture de Strassen (qu'on abordera plus tard).

Plusieurs articles ont été publiés qui traitaient des chaînes additives avec paramètre 2, mais surtout, l'oeuvre de Knuth [Knu73] a rassemblé et innové dans le domaine des chaînes additives. Dans l'effort de généralisation qui constitue une partie importante de ce mémoire, de nombreuses idées sont inspirées de l'oeuvre ci-dessus, et en conséquent de différents mathématiciens et informaticiens qui se sont attardés sur le cas $g = 2$. Certaines généralisations se sont avérées immédiates, alors que d'autres ont exigé un travail de compréhension et une réflexion plus poussés.

On abordera donc différentes manières de générer les chaînes additives avec paramètre g, et on s'intéressera à la longueur minimale asymptotique d'une chaîne pour un nombre d, et à quelques propriétés pertinentes de la nature des chaînes.

2.1 Génération de g-chaînes additives

Dans cette section, on s'attardera sur trois manières différentes de générer des g-chaînes additives et comparera leur efficacité.

Définition 2.1.1. Soient $d, g \in \mathbb{N}$, $g \geq 2$. Une g-chaîne additive pour d est une suite d'entiers $a_0 = 1, a_1, a_2, \cdots, a_{r-1}, a_r = d$ où $a_i = a_{j_1} + a_{j_2} + \cdots + a_{j_k}$, $2 \leq k \leq g$, $0 \leq j_1 \leq j_2 \leq \cdots \leq j_k \leq i - 1$. La longueur d'une telle chaîne est r, le nombre d'éléments succédant à 1.

Exemple 2.1.2. $1, 1, 2, 3, 5, 8, 13, 21$ est une 2-chaîne additive pour 21 ; elle a longueur 7.

$1, g, g^2, g^3, g^4$ est une g-chaîne additive pour g^4 ; elle a longueur 4.

Définition 2.1.3. Une g-chaîne additive pour d est minimale s'il n'existe pas d'autres g-chaînes additives de longueur strictement inférieure. La longueur d'une g-chaîne additive minimale pour d est dénotée $l_g(d)$.

Exemple 2.1.4. $l_2(7) = 4$, $l_2(8) = 3$.
Pour $g > 2$, $l_g(g^2) = 2$, $l_g(g^2 - 1) = 3$.

Remarque 2.1.5. $l_g(d)$ n'est donc pas une fonction croissante.

On considère quelques méthodes pour obtenir une g-chaîne additive pour d :

1. La **méthode de factorisation** est définie par récurrence et consiste à écrire d'abord d comme $p_1 p_2 \cdots p_m$ où $p_1 \leq p_2 \leq \cdots \leq p_m$ sont des diviseurs premiers de d. Si $p_1 > g$,

on pose $n := p_1$. Sinon, on choisit i maximal tel que $n := p_1 \cdots p_i < g$.

Ensuite, on obtient la g-chaîne additive pour n en obtenant celle pour $n - (g - 1)$ si $n > g$ (sinon cela se fait en une étape à partir de 1) puis en ajoutant $g - 1$ à la dernière étape.

Enfin, on obtient la g-chaîne additive pour d en écrivant d'abord celle de n puis celle de $p_{i+1} \cdots p_m$ en débutant à n au lieu de 1 (i.e en multipliant la g-chaîne additive de $p_{i+1} \cdots p_m$ par n).

2. La **méthode m-aire** consiste à exprimer d en base m comme $d = d_0 + d_1 m + \cdots + d_k m^k$ où $0 \leq d_i < m$ et à former la chaîne suivante : $1, g - 1, \cdots, m - 1, d_k m, d_k m + d_{k-1}, \cdots,$ $m(d_k m + d_{k-1}), \cdots, d$. Pour $g = 2$, $g - 1 = 1$ est le premier élément de la chaîne. Pour les $m - 1$ premiers termes, on effectue au plus $m - 2$ additions. Pour les termes qui suivent, on multiplie par m et additionne le prochain d_i alternativement jusqu'à obtenir d.

On aura au total au plus $m - 2$ étapes pour engendrer tous les coefficients possibles d_i, $0 \leq d_i < m$, k multiplications par m où $k = \lfloor \log_m d \rfloor$, et $\mu_g(d) - 1$ additions où $\mu_g(d) =$ nombre d'éléments non nuls dans la représentation de d en base g (parfois désigné par Hamming Weight).

On peut aussi se contenter de générer les d_i, $0 \leq i \leq m$ dont on aura besoin au lieu de générer $g - 1, \cdots, m - 1$.

Remarque 2.1.6. En fait, on peut se passer des termes d_i divisibles par m en introduisant $\dfrac{d_i}{m^e}$ e étapes plus tôt dans la chaîne additive [Thu73].

Remarque 2.1.7. Lorsque $m \leq g$, i.e, $0 \leq d_i < g$, la méthode m-aire requiert exactement le même nombre d'étapes que la méthode qui consiste à générer la g-chaîne additive pour d comme suit : $1, m, m^2, \cdots, m^k, d_k m^k, d_k m^k + d_{k-1} m^{k-1}, \cdots, d_0 + d_1 m + \cdots + d_k m^k$.

Exemple 2.1.8. Pour $n = 33$, la méthode de factorisation induirait notamment la 2-chaîne additive suivante : $1, 2, 3, 6, 12, 24, 30, 33$ de longueur 7, alors que la méthode binaire (2-aire) induirait la 2-chaîne additive suivante : $1, 2, 4, 8, 16, 32, 33$ de longueur 6 [Knu73].

Pour $n = g^k = (pm)^k$, k entier pair, où $p < m$ est le plus petit diviseur propre premier de g, la méthode de factorisation induirait la g-chaîne additive suivante : $1, \cdots, p^k, p^k m, \cdots, (pm)^k$ de longueur $> k$, alors que la méthode g-aire induirait la g-chaîne additive suivante : $1, g, \cdots, g^k$ de longueur k.

Remarque 2.1.9. La méthode de factorisation n'est donc pas toujours optimale.

Exemple 2.1.10. Pour $n = 55$, la méthode de factorisation induirait notamment la 2-chaîne additive suivante : $1, 2, 4, 5, 10, 20, 40, 50, 55$ de longueur 8, alors que la méthode binaire (2-aire) induirait la 2-chaîne additive suivante : $1, 2, 3, 6, 12, 13, 26, 27, 54, 55$ de longueur 9 [Knu73].

Soit $g > 6$ premier tel que $g + 1 = p_1 p_2$ où $p_1 < p_2$ sont premiers, et soit

$$n = g^k(g+1)^4 = g^k(g^4 + 4g^3 + 6g^2 + 4g + 1).$$

La méthode g-aire induirait la chaîne suivante :

$$1, g, g+4, g(g+4), g^2 + 4g + 6, g(g^2 + 4g + 6), g^3 + 4g^2 + 6g + 4, g(g^3 + 4g^2 + 6g + 4),$$
$$g^4 + 4g^3 + 6g^2 + 4g + 1, \cdots, g^k(g^4 + 4g^3 + 6g^2 + 4g + 1)$$

de longueur $k + 8$, alors que la méthode de factorisation induirait la g-chaîne suivante :

$$1, p_1^2, p_1^4, p_1^4 p_2, p_1^4 p_2^2, p_1^4 p_2^3, p_1^4 p_2^4, p_1^4 p_2^4 g, \cdots, p_1^4 p_2^4 g^k$$

de longueur $k + 6$.

Remarque 2.1.11. La méthode g-aire n'est donc pas toujours optimale.

Remarque 2.1.12. Pour $g = 2$, les méthodes binaire et de factorisation induisent toujours exactement une étape de plus pour $2n$ que pour n. Ainsi, pour $n = 2^k 33$, $k = 0, 1, 2, 3, \cdots$, la méthode de factorisation induit une 2-chaîne additive de longueur $7 + k$, tandis que la méthode binaire induit une 2-chaîne additive de longueur $6+k$. Il y a donc une infinité de cas où la méthode binaire est meilleure que la méthode de factorisation. Pour $n = 2^k 55$, $k = 0, 1, 2, 3, \cdots$, la méthode de factorisation induit une 2-chaîne additive de longueur $8+k$, tandis que la méthode binaire induit une 2-chaîne additive de longueur $9+k$. Il y a donc une infinité de cas où la méthode de factorisation est meilleure que la méthode binaire. De manière plus générale, la méthode g-aire induit exactement une étape de plus pour gn que pour n alors que pour la méthode de factorisation, il est plus délicat de trancher parce que la réponse dépendrait de n et de g. Mais l'exemple 2.1.8 fournit une infinité de cas (de g, et de nombres n pour chaque g) où la méthode g-aire est meilleure que le méthode de factorisation tandis que l'exemple 2.1.10 fournit une infinité de g pour lesquels il existe un n tel que la méthode de factorisation est meilleure que la méthode g-aire.

Remarque 2.1.13. Même si les méthodes binaire et de factorisation induisent toujours une étape de plus pour $2n$ que pour n pour $g = 2$, $\exists\, n$ tel que $l_2(2n) \neq l_2(n) + 1$. La plus petite valeur de n pour laquelle $l_2(2n) \neq l_2(n) + 1$ est $n = 191$. En effet, $l_2(191) = l_2(382) = 11$. Les valeurs suivantes sont : $701, 743, 1111, \cdots$. En fait, il existe un nombre infini de n tel que $l_2(2n) \neq l_2(n) + 1$ [Thu99].

De surcroît, à l'encontre de toute intuition, $l_2(n) - l_2(mn)$ peut être arbitrairement grand pour un m fixé qui n'est pas une puissance de 2 [Heb74].

Remarque 2.1.14. Dans la méthode m-aire, le choix de $m = g$ n'est pas toujours optimal. En effet, soit $u = 1 + g + g^2 < g^3$, et soit $n = (uu \cdots u)_{g^3}$, $|n|_u = k$.

Alors $n = 1 + g + g^2 + g^3 + \cdots + g^{3(k-1)+2}$.

La méthode g^3-aire génère u à partir de $1, g, g^2, 1 + g + g^2$ (en une étape de plus si $g = 2$) puis multiplie par g^3 en effectuant 3 multiplications par g puis ajoute u, $k - 1$ fois. Cela requiert au plus $4(k-1) + 4 = 4k$ étapes.

Par contre, la méthode g-aire requiert $2(3(k-1) + 2) = 6k - 2 > 4k$ pour $k > 1$.

L'exemple est inspiré d'un exemple auquel recourt Knuth en [Knu73] pour le cas $g = 2$.

3. La **méthode de l'arbre** consiste à construire un arbre de racine 1, dont les noeuds sont des entiers et où le chemin de la racine à l'entier d représente une chaîne additive pour d. Au niveau $k+1$, de gauche à droite, on attache en ordre croissant et en omettant tout élément apparu plus tôt dans l'arbre, au-dessous de chaque élément n du niveau précédent k la somme des m éléments de tous les m-tuplets ($m \leq g$) qu'on peut former à partir de $1, a_2, \cdots, a_{k-1} = n$, où $1, a_2, \cdots, a_{k-1} = n$ est le chemin de la racine de l'arbre au noeud n.

Remarque 2.1.15. [Knu73] Pour $g = 2$, au niveau $k+1$, on attache les noeuds $n+1, n+a_1, n+a_2, \cdots, n+a_{k-1} = 2n$ dans cet ordre où $1, a_2, \cdots, a_{k-1} = n$ est le chemin de la racine de l'arbre au noeud n en omettant tout élément apparu plus tôt dans l'arbre. Pour $g = 2$, les premiers niveaux sont illustrés à la figure 2.1. Si on attachait les noeuds de droite à gauche, la méthode de l'arbre deviendrait similaire à la méthode binaire.

Remarque 2.1.16. Pour $n = 23$ et $g = 2$, la méthode binaire induirait : $1, 2, 4, 8, 16, 20, 22, 23$. La méthode de factorisation induirait la même chaîne. Alors que la méthode de l'arbre induirait : $1, 2, 3, 5, 10, 13, 23$. En utilisant la méthode de l'arbre, le nombre d'étapes pour $2n$ est au plus celui de n augmenté de 1. En conséquence, la méthode de l'arbre est meilleure que les méthodes binaire et de factorisation pour une infinité de cas, notamment pour $n = 2^k 23$, $k = 1, 2, 3, \cdots$ [Knu73].

Pour $n = g^2(2g+1)$ où $g = p_1 p_2$, avec $p_1 < p_2$ nombres premiers, et les facteurs premiers de $2g+1$ plus grands que p_1 et p_2, la méthode de factorisation induirait pour g^2

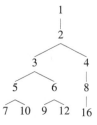

Figure 2.1 – Illustration de la méthode de l'arbre pour $g = 2$

la chaîne

$$1, p_1^2, p_1^2 p_2, p_1^2 p_2^2$$

suivie d'au moins deux autres étapes pour $2g+1$. La longueur totale de la chaîne est donc de 5. On remarque que pour obtenir $g^{2+k}(2g+1)$, on a besoin d'au moins k étapes supplémentaires.

Alors que la méthode g-aire induirait pour $n = g^2 + 2g^3$ la chaîne

$$1, 2, 2g, 2g+1, g(2g+1), g^2(2g+1)$$

de longueur 5.

Par contre, la méthode de l'arbre génère $2g+1$ en 2 étapes comme $1, g, 2g+1$ ou, sinon, plus tôt (plus à gauche, au niveau 3) dans l'arbre. A partir de $2g+1$, l'arbre génère n en au plus 2 étapes comme $g(2g+1), g^2(2g+1)$, ou, sinon, plus tôt (plus à gauche au niveau 5, ou à un niveau inférieur à 5) dans l'arbre. Ainsi, la longueur 4 de la g-chaîne induite par l'arbre est inférieure à celle de la méthode de factorisation et celle de la méthode g-aire.

Comme le nombre d'étapes pour gn avec la méthode de l'arbre est au plus celui de n augmenté de 1, la méthode de l'arbre est meilleure que les méthodes g-aire et de factorisation pour tout $n = g^{k+2}(2g+1)$, où $g = p_1 p_2$, avec $p_1 < p_2$ sont des nombres premiers, les facteurs premiers de $2g+1$ sont plus grands que p_1 et p_2, et $k = 0, 1, 2, \cdots$. En fait, la méthode de l'arbre est toujours meilleure que la méthode g-aire ; en effet, si la g-chaîne additive pour n générée dans l'arbre est la même que celle de la méthode g-aire, n apparaîtrait dans une branche de $\lfloor \log_g n \rfloor$, sinon, n est apparu plus tôt dans l'arbre.

Remarque 2.1.17. Une méthode dite des fractions continues a aussi été abordée en [BBB94] pour générer des chaînes additives. En moyenne, elle est meilleure que la méthode binaire. Et la plupart des méthodes utilisées pour générer des chaînes additives en constituent un cas particulier.

2.2 Longueur des g-chaînes additives

Dans cette section, nous explicitons des bornes inférieures et supérieures sur $l_g(d)$, nous en tirons quelques conséquences, puis nous étudions la nature des étapes d'une chaîne additive et sa construction afin de parvenir à caractériser l'évolution asymptotique de $l_g(d)$.

Théorème 2.2.1. *Pour tout $d \in \mathbb{N}$,*

$$\lceil \log_g d \rceil \leq l_g(d) \leq \lfloor \log_g d \rfloor + g + \mu_g(d) - 3.$$

Démonstration. Soit $d \in \mathbb{N}$. On montre d'abord la borne inférieure sur $l_g(d)$. Soit $a_0 = 1, a_1, \ldots, a_r = d$ une g-chaîne additive pour d de longueur minimale $l_g(d)$. Pour tout i, $1 \leq i \leq r, a_i \leq ga_{i-1}$. Ainsi $d = a_r \leq g^r$, d'où $\log_g d \leq \log_g g^r = r = l_g(d)$. Comme $l_g(d)$ est un entier, $\lceil \log_g d \rceil \leq l_g(d)$.

On passe à la borne supérieure sur $l_g(d)$. On utilise la méthode g-aire (en prenant $m = g$ dans la méthode 2 suggérée). La g-chaîne additive qu'on obtient a longueur

$$l_g(d) \leq g - 2 + k + \mu_g(d) - 1 = \lfloor \log_g d \rfloor + g + \mu_g(d) - 3.$$

$\square$

Corollaire 2.2.2. $l_g(g^A) = A$ *et* $l_g(g^{A_1} + g^{A_2} + \cdots + g^{A_m}) = A_1 + 1$ *si* $A_1 > A_2 > \cdots > A_m \geq 0$ *et* $2 \leq m \leq g$.

Démonstration. $l_g(g^A) \geq \lceil \log_g(g^A) \rceil = A$ et $1, g, \cdots, g^A$ est une g-chaîne additive pour g^A de longueur A, d'où $l_g(g^A) = A$.

$l_g(g^{A_1} + g^{A_2} + \cdots + g^{A_m}) \geq \lceil \log_g(g^{A_1} + g^{A_2} + \cdots + g^{A_m}) \rceil = A_1 + 1$ et $1, g, \cdots, g^{A_1}, g^{A_1} + g^{A_2} + \cdots + g^{A_m}$ est une g-chaîne additive de longueur $A_1 + 1$, d'où $l_g(g^{A_1} + g^{A_2} + \cdots + g^{A_m}) = A_1 + 1$.

$\square$

Proposition 2.2.3. $l_g(mn) \leq l_g(m) + l_g(n)$.

Démonstration. En effet, une g-chaîne additive pour mn est donnée par la g-chaîne additive pour m (dont la longueur est $l_g(m)$) suivie de la g-chaîne additive pour n (dont la longueur est $l_g(n)$) multipliée par m, i.e, la g-chaîne additive pour n commence à m (donné par la chaîne précédente) au lieu de commencer à 1, ainsi tous les termes de la séquence seront multipliés par m. On a donc décrit une g-chaîne additive pour mn de longueur $l_g(m) + l_g(n)$. $\qquad\square$

Afin d'aller plus loin, on va étudier la nature des étapes d'une g-chaîne additive, en utilisant la même nomenclature que dans la littérature pour $g = 2$.

Définition 2.2.4. Classification des étapes d'une g-chaîne additive :

i est une g-étape si $a_i = ga_{i-1}$.

i est une étape étoile si $a_i = a_{i-1} + \cdots$.

i est une étape réduite si $\lambda_g(a_i) := \lfloor \log_g a_i \rfloor = \lfloor \log_g a_{i-1} \rfloor$.

Une g-chaîne additive étoile est une g-chaîne additive telle que toutes les étapes sont des étapes étoiles. On notera $l_g(d)^*$ la longueur minimale d'une telle chaîne pour d.

Remarque 2.2.5. Les g-chaînes additives données par la méthode de l'arbre sont des g-chaînes additives étoiles.

Remarque 2.2.6. Considérons une chaîne additive pour d de longueur r comportant s étapes réduites. Alors $r = \lambda_g(d) + s$. En effet, à chaque étape, si le plancher du logarithme reste constant, l'étape est réduite, sinon, il augmente de 1 (il ne peut pas augmenter plus puisque $a_i \leq ga_{i-1}$), et ce 1 contribue à $\lambda_g(d)$.

Les étapes d'une g-chaîne additive sont reliées, dans le sens où la nature d'une étape peut donner des informations sur la nature d'une étape précédente ou suivante.

Proposition 2.2.7. *Si i n'est pas une étape réduite, alors $i + 1$ est soit une étape réduite soit une étape étoile. (Ce résultat est obtenu en [Knu73] pour le cas $g = 2$.)*

Démonstration. i n'est pas une étape réduite donc $\lambda_g(a_i) = \lambda_g(a_{i-1}) + 1$.

Si $i + 1$ n'est pas une étape réduite alors $\lambda_g(a_{i+1}) = \lambda_g(a_i) + 1 = \lambda_g(a_{i-1}) + 2$.

18

Mais si $i+1$ n'est pas une étape étoile, alors $\lambda_g(a_{i+1}) \leq \lambda_g(ga_{i-1}) = 1 + \lambda_g(a_{i-1})$. Contradiction. $\qquad\square$

Pour qu'une g-chaîne additive pour d ait longueur proche de $\log_g(d)$, il faut qu'elle comporte un "certain" nombre de g-étapes.

On définit une suite qui surgit naturellement dans l'étude des chaînes additives (pour $g = 2$, cette suite est la suite de Fibonacci) :

Définition 2.2.8. $F_0 = 1$, $F_1 = g$ et $F_t = (g-1)F_{t-1} + F_{t-2}$ pour $t > 1$.

Théorème 2.2.9. *Si la g-chaîne additive $1 = a_0 < a_1 < \cdots < a_r = n$ contient d g-étapes et t non g-étapes, alors $n \leq g^{d-1}F_{t+1}$. (Ce résultat est obtenu en [Knu73] pour le cas $g = 2$.)*

Démonstration. Induction sur r :

Pour $r = 1$. Si r est une g-étape alors

$$a_1 = g \leq g^{1-1}F_{0+1} = g.$$

Sinon,

$$a_1 \leq g - 1 \leq g^{0-1}F_{1+1} = \frac{g(g-1)+1}{g}.$$

Pour $r > 1$. Si r est une g-étape alors, comme $t = (r-1) - (d-1)$,

$$a_{r-1} = \frac{a_r}{g} = \frac{n}{g} \leq g^{d-2}F_{t+1}.$$

Si r et $r-1$ ne sont pas des g-étapes alors

$$a_{r-1} \leq g^{d-1}F_t$$

puisque la chaîne additive jusqu'à l'étape $r-1$ contient $t-1$ non g-étapes et d g-étapes. Et comme la chaîne additive jusqu'à l'étape $r-2$ contient $t-2$ non g-étapes et d g-étapes,

$$a_{r-2} \leq g^{d-1}F_{t-1}$$

d'où

$$n = a_r \leq (g-1)a_{r-1} + a_{r-2} \leq (g-1)g^{d-1}F_t + g^{d-1}F_{t-1} = g^{d-1}F_{t+1}.$$

Si r n'est pas une g-étape et $r-1$ est une g-étape,

$$a_{r-2} \leq g^{d-2}F_t$$

d'où

$$n = a_r \leq (g-1)a_{r-1} + a_{r-2} \leq (g-1)ga_{r-2} + a_{r-2} = ((g-1)g+1)a_{r-2}$$
$$\leq g^{d-2}F_t((g-1)g+1).$$

$$F_t\frac{((g-1)g+1)}{g} = (g-1)F_t + \frac{F_t}{g} \leq (g-1)F_t + F_{t-1} = F_{t+1},$$

ainsi,

$$g^{d-2}F_t((g-1)g+1) \leq g^{d-1}F_{t+1}.$$

$\square$

Remarque 2.2.10. n peut atteindre $g^{d-1}F_{t+1}$; il suffit en effet de considérer la chaîne suivante : $1, g, g^2, g^3, \cdots, g^{d-1}, g^{d-1}F_1, g^{d-1}F_2, \cdots, g^{d-1}F_{t+1}$ où le passage de g^{d-1} à $g^{d-1}F_1 = g^d$ est une g-étape.

Lemme 2.2.11. *Soit ϕ la solution positive $\dfrac{g-1+\sqrt{(g-1)^2+4}}{2}$ de*

$$x^2 - (g-1)x - 1 = 0.$$

Alors $F_{t+1} \leq g\phi^t$. (Ce résultat est obtenu en [Knu73] pour le cas $g = 2$.)

Démonstration. L'inégalité se démontre par récurrence sur t.

$$F_1 = g \leq g\phi^0 (t = 0).$$

$$F_2 = (g-1)g + 1 \leq g\phi^1 (t = 1).$$

En effet, soit ϕ' la deuxième solution de $x^2 - (g-1)x - 1 = 0$.

Alors $\phi\phi' = -1$, et $\phi + \phi' = g - 1$ d'où $\phi = g - 1 + \frac{1}{\phi}$.

$\phi \geq 1$ puisque ϕ est la solution positive de $x^2 - (g-1)x - 1 = 0$ et $\phi + \phi' = g - 1$, d'où $\phi \leq g$.

Ainsi, $g\phi = g(g-1) + \frac{g}{\phi} \geq g(g-1) + 1$.

On suppose l'inégalité vraie pour les rangs t et $t+1$. Alors,

$$F_{t+2} = F_{t+1}(g-1) + F_t \leq (g-1)g\phi^t + g\phi^{t-1} = g\phi^{t-1}(1 + (g-1)\phi).$$

Mais $\phi^2 - (g-1)\phi - 1 = 0$ revient à dire que $1 + (g-1)\phi = \phi^2$.

Ainsi, $F_{t+2} \leq g\phi^{t+1}$. $\qquad\square$

Corollaire 2.2.12. *Soit $1 = a_0 < a_1 < \cdots < a_r = n$ une g-chaîne additive avec s étapes réduites et $r - t$ g-étapes. Alors $s \leq t \leq c.s$ où c est une constante qui dépend de g explicitée ci-dessous.*

Démonstration. $s \leq t$ parce qu'une étape réduite ne peut pas être une g-étape.

D'autre part,

$$g^{\lambda_g(n)} \leq n \leq g^{d-1}F_{t+1} \leq g^d\phi^t \tag{2.1}$$

où d =nombre de g-étapes, ϕ est la solution positive $\dfrac{g-1+\sqrt{(g-1)^2+4}}{2}$ de $\phi^2-(g-1)\phi-1=0$, et $F_{t+1} \leq g\phi^t$ par le lemme 2.2.11.

Mais

$$g^d\phi^t = g^{\lambda_g(n)+s}\left(\frac{\phi}{g}\right)^t$$

comme $d+t = \lambda_g(n)+s$ par 2.2.6.

Ainsi, par 2.1,

$$g^s\left(\frac{\phi}{g}\right)^t \geq 1$$

i.e

$$s\ln g + t\ln\frac{\phi}{g} \geq 0$$

i.e

$$s\ln g \geq t\ln\frac{g}{\phi}$$

i.e

$$s\frac{\ln g}{\ln\dfrac{g}{\phi}} \geq t.$$

On pose $c = \dfrac{\ln g}{\ln\dfrac{g}{\phi}}$.

$\square$

Lorsque g valait 2, l'étude de la construction d'une chaîne additive avec une seule étape réduite pouvait être exhaustive, et menait à une description exacte des degrés d pour lesquels $l_2(d) = \lg d + 2$, où $\lg d := \log_2 d$ [GRS62]. A l'opposé, en prenant g général, il n'est plus possible d'effectuer une étude de cas qui épuise toutes les possibilités, d'où la restriction au cas où à l'étape réduite, on ajoute des éléments avec coefficients 1, et d'où la complexité de l'énoncé du théorème suivant.

Théorème 2.2.13. *S'il existe* $A, 1 \leq i \leq g-1, 1 \leq e \leq i, A_1, \cdots, A_m, m \leq g-1$ *des entiers* *positifs avec $A - (i+1) > A_1 > A_2 \cdots > A_m$ tels que*

$$n = g^{A+1} + (g^{A-e} + \cdots + g^{A-i+1})^* + g^{A-i-1} + \cdots + g^{A-i-e}$$
$$+ (g-1)(g^{A_1} + \cdots + g^{A_m}) + g^{A_1-e} + \cdots + g^{A_m-e}$$

*où on ignore l'expression * si $e = i$, alors $l_g(n) = A + 1$.*

Sinon, si $n = g^{A_1} + g^{A_2} + \cdots + g^{A_m}$ avec $A_1 > A_2 > \cdots > A_m \geq 0$, et qu'on utilise pour former une g-chaîne optimale pour n une étape réduite où à l'étape réduite on ajoute des éléments avec coefficients 1, alors $m \leq g$.

Démonstration.

$$l_g(g^{A_1} + g^{A_2} + \cdots + g^{A_m}) \geq \lceil \log_g(g^{A_1} + g^{A_2} + \cdots + g^{A_m}) \rceil = A_1 + 1.$$

D'autre part,

$$1, g, \cdots, g^{A_1}, g^{A_1} + \cdots + g^{A_g}, g^{A_1} + \cdots + g^{A_g} + g^{A_{g+1}} + \cdots + g^{A_m}$$

est une g-chaîne additive pour $g^{A_1} + g^{A_2} + \cdots + g^{A_m}$, d'où

$$l_g(g^{A_1} + g^{A_2} + \cdots + g^{A_m}) \leq A_1 + 2.$$

Considérons les g-chaînes additives avec exactement une étape réduite où à l'étape réduite, on ajoute des éléments avec coefficients 1 :

type 1 : $1, g, \cdots, g^l, g^{l_1} + g^{l_2} + \cdots + g^{l_j}, \cdots, g^{l_1+c} + g^{l_2+c} + \cdots + g^{l_j+c}$ pour certains $0 \leq l_j < l_{j-1} < \cdots < l_1 \leq l, 2 \leq j \leq g$ et c entiers positifs.

type 2 : $1, g, \cdots, g^l, g^{l_1} + g^{l_2} + \cdots + g^{l_j}, \cdots, g^{l_1+c} + g^{l_2+c} + \cdots + g^{l_j+c}, g^{l+1}, \cdots, g^{l+k}$ pour certains $0 \leq l_j < l_{j-1} < \cdots < l_1 \leq l, 2 \leq j \leq g$ et c, k entiers positifs. Dans le reste des cas, on n'écrira pas la possibilité où on ignore l'étape réduite pour aboutir à un terme de la forme g^m.

type 3 : $1, g, \cdots, g^l, g^l + g^{l_2} + \cdots + g^{l_j}$,

$$(g-1)g^l + g^l + g^{l_2} + \cdots + g^{l_j} = g^{l+1} + g^{l_2} + \cdots + g^{l_j}, \cdots$$

$g^{l+c+1} + g^{l_2+c} + \cdots + g^{l_j+c}$ pour certains $0 \leq l_j < l_{j-1} < \cdots < l_2 \leq l, 2 \leq j \leq g$ et c, k entiers positifs.

type 4 : $1, g, \cdots, g^l, g^l + g^{l_2} + \cdots + g^{l_j}$,

$$(g-1)(g^l + g^{l_2} + \cdots + g^{l_j}) + g^l = g^{l+1} + (g-1)g^{l_2} + \cdots + (g-1)g^{l_j}, \cdots,$$
$$g^{l+c+1} + (g-1)g^{l_2+c} + \cdots + (g-1)g^{l_j+c}$$

pour certains $0 \leq l_j < l_{j-1} < \cdots < l_2 < l, 2 \leq j \leq g$ et c entiers positifs.

type 5 : $1, g, \cdots, g^l$,

$$g^l + g^{l-1} + \cdots + g^{l-i} + g^{l_{i+1}} + \cdots + g^{l_m}, \cdots,$$
$$g^{l+c} + g^{l-1+c} + \cdots + g^{l-i+c} + g^{l_{i+1}+c} + \cdots + g^{l_m+c},$$
$$(g-1)(g^{l+c} + g^{l-1+c} + \cdots + g^{l-i+c} + g^{l_{i+1}+c} + \cdots + g^{l_m+c}) + g^e$$
$$= g^{l+c+1} + \cdots + (g-1)g^{l_{i+1}+c} + \cdots + (g-1)g^{l_m+c}, \cdots$$
$$g^{l+d+1} + \cdots + (g-1)g^{l_{i+1}+d} + \cdots + (g-1)g^{l_m+d}$$

pour certains $1 \leq i \leq g-1, 0 \leq l_m < \cdots < l_{i+1} < l - (i+1)$, et $c, e, d, m : c \leq i, l-i+c \leq e \leq l, d \geq c, i+1 \leq m \leq g-i$ entiers positifs. (i peut être égal à $g-1$).

24

type 6 : $1, g, \cdots, g^l$,

$$g^l + g^{l-1} + \cdots + g^{l-i} + g^{l_{i+1}} + \cdots + g^{l_m}, \cdots,$$
$$g^{l+c} + g^{l-1+c} + \cdots + g^{l-i+c} + g^{l_{i+1}+c} + \cdots + g^{l_m+c},$$
$$(g-1)(g^{l+c} + g^{l-1+c} + \cdots + g^{l-i+c} + g^{l_{i+1}+c} + \cdots + g^{l_m+c}) + g^{l+c-e}$$
$$+ g^{l-1+c-e} + \cdots + g^{l-i+c-e} + g^{l_{i+1}+c-e} + \cdots + g^{l_m+c-e}$$
$$= g^{l+c+1} + \cdots + (g-1)(g^{l_{i+1}+c} + \cdots + g^{l_m+c}) + g^{l_{i+1}+c-e} + \cdots + g^{l_m+c-e}$$

pour certains $1 \le i \le g-1$, $0 \le l_m < \cdots < l_{i+1} < l - (i+1)$, et $c, e, m : c \le i$, $1 \le e \le i$, $i+1 \le m \le g-1$ entiers positifs. (i peut être égal à $g-1$).

Dans les chaînes de type $1, 2, 3, 4$, et 5, on aboutit à des entiers N avec $\mu_g(N) \le g$. Par contre, pour les chaînes de type 6, avec une étape réduite, on aboutit en posant $l + c = A$ à

$$n = g^{A+1} + (g^{A-e} + \cdots + g^{A-i+1})^* + g^{A-i-1} + \cdots + g^{A-e-i}$$
$$+ (g-1)(g^{l_{i+1}+c} + \cdots + g^{l_m+c}) + g^{l_{i+1}+c-e} + \cdots + g^{l_m+c-e}$$

où on élimine l'expression $*$ si $e = i$.

$$n_1 = g^{A+1} + g^{A-e} + \cdots + g^{A-i+1} + g^{A-i-1} + \cdots + g^{A-e-i}$$

a $\mu_g(n_1) = i$, et

$$n_2 = (g-1)(g^{l_{i+1}+c} + \cdots + g^{l_m+c}) + g^{l_{i+1}+c-e} + \cdots + g^{l_m+c-e}$$

peut avoir $\mu_g(n_2) = 2(m-i)$ en particulier si on prend $l_{i+1}, l_{i+2}, \cdots, l_m$ espacés de plus de e. Ainsi, étant donné des entiers positifs A, $1 \le i \le g-1$, $1 \le e \le i$, $A_1, \cdots, A_m$,

$m \leq g - 1$ avec $A - (i+1) > A_1 > A_2 \cdots > A_m$, on peut obtenir

$$n = g^{A+1} + (g^{A-e} + \cdots + g^{A-i+1})^* + g^{A-i-1} + \cdots + g^{A-e-i}$$
$$+ (g-1)(g^{A_1} + \cdots + g^{A_m}) + g^{A_1-e} + \cdots + g^{A_m-e}$$

avec une seule étape réduite. $\qquad\square$

En reprenant les mêmes idées que pour le cas $g = 2$, on comprend que le comportement asymptotique de $l_g(n)$ ressemble, lorsque n est très grand à celui de $\log_2 n$. En s'inspirant des travaux de Brauer et Erdős pour le cas $g = 2$, on peut préciser le terme asymptotique principal.

Théorème 2.2.14. $l_g(n) \leq l_g^*(n) \leq \lambda_g(n) + (1 + o(1)) \dfrac{\lambda_g(n)}{\lambda_g(\lambda_g(n))}$. *(Ce résultat est explicité en [Knu73] pour le cas $g = 2$.)*

Démonstration. Soit $m = g^k$ et $n = d_0 + d_1 m + \cdots + d_e m^e$ où $0 \leq d_i < m$ pour $0 \leq i \leq e$. A l'étape 1, on génère $1, 2, 3, \cdots m - 1$ puis à l'étape 2 on génère $g d_e, g^2 d_e, \cdots, g^k d_e, g^k d_e + d_{e-1}$ en éliminant toute répétition, puis à l'étape 3 on génère $g(g^k d_e + d_{e-1}), \cdots, g^k(d_e g^k + d_{e-1}), g^k(d_e g^k + d_{e-1}) + d_{e-2} \cdots$.

A l'étape 1 on a $m - 2 = g^k - 2$ éléments. Ensuite, on a $\lfloor \log_{g^k} n \rfloor$ étapes qui succèdent à l'étape 1, et $k + 1$ éléments par étape.

Cette séquence est une g-chaîne additive étoile en autant qu'on remarque que le premier élément $e_1 = \min \{ g^j d_e \mid 1 \leq j \leq k, \ m - 1 < g^j d_e \}$ de l'étape 2 est inférieur à $g(g^k - 1) = g(m - 1)$ et donc peut être obtenu à partir de $m - 1$ et de $g - 1$ autres éléments parmi $1, 2, 3, \cdots m - 1$. On a donc au total moins de

$$g^k + (k+1) \log_{g^k} n = g^k + (k+1) \log_g n \frac{\log_g g}{\log_g g^k} = g^k + \frac{k+1}{k} \log_g n$$

étapes et cela pour tout $k \geq 1$.

Soit

$$k = \lfloor \lambda_g(\lambda_g(n)) - 2\lambda_g(\lambda_g(\lambda_g(n))) \rfloor.$$

Alors, comme la chaîne construite est une g-chaîne additive étoile,

$$\lambda_g(n) \le l_g(n) \le l_g^*(n) \le g^{\lambda_g(\lambda_g(n)) - 2\lambda_g(\lambda_g(\lambda_g(n)))} + (1 + \frac{1}{\lfloor \lambda_g(\lambda_g(n)) - 2\lambda_g(\lambda_g(\lambda_g(n))) \rfloor}) \log_g n$$

$$\le \log_g n + \frac{\lambda_g(n)}{\lambda_g(\lambda_g(n))^2} + \frac{\log_g n}{\lfloor \lambda_g(\lambda_g(n)) - 2\lambda_g(\lambda_g(\lambda_g(n))) \rfloor}.$$

Mais $\dfrac{\log_g n}{\lfloor \lambda_g(\lambda_g(n)) - 2\lambda_g(\lambda_g(\lambda_g(n))) \rfloor} = (1 + o(1)) \dfrac{\lambda_g(n)}{\lambda_g(\lambda_g(n))}$ car

$$\lim_{n \to \infty} \frac{\log_g n}{\lambda_g(n)} \frac{\lambda_g(\lambda_g(n))}{\lfloor \lambda_g(\lambda_g(n)) - 2\lambda_g(\lambda_g(\lambda_g(n))) \rfloor} - 1 = 0.$$

De même, $\dfrac{\lambda_g(n)}{\lambda_g(\lambda_g(n))^2} = o(1) \dfrac{\lambda_g(n)}{\lambda_g(\lambda_g(n))}$ car

$$\lim_{n \to \infty} \frac{1}{\lambda_g(\lambda_g(n))} = 0.$$

$\square$

Corollaire 2.2.15. $\displaystyle \lim_{n \to \infty} \frac{l_g(n)}{\lambda_g(n)} = \lim_{n \to \infty} \frac{l_g^*(n)}{\lambda_g(n)} = 1.$

Démonstration. Il suffit de noter que $\displaystyle \lim_{n \to \infty} \frac{(1 + o(1))\lambda_g(n)}{\lambda_g(n)\lambda_g(\lambda_g(n))} = 0.$ $\square$

Remarque 2.2.16. Le corollaire 2.2.15 précédent ne suit pas immédiatement de la méthode g-aire. En effet, soit $long_g(n)$ la longueur de la g-chaîne additive générée pour n par la méthode g-aire.

$$long_g(n) = \lambda_g(n) + \mu_g(n) + g - 3.$$

Si $n = g^k$, alors

$$\frac{long_g(n)}{\lambda_g(n)} = \frac{g - 2 + k}{k} \xrightarrow[k \to \infty]{} 1,$$

alors que si $n = g^{k+1} - 1$,

$$\frac{long_g(n)}{\lambda_g(n)} = \frac{k+k+1+g-3}{k} \underset{k \to \infty}{\to} 2.$$

Ainsi, $\dfrac{long_g(n)}{\lambda_g(n)}$ n'a pas de limite. Ceci est indiqué en [Knu73] pour le cas $g = 2$.

Le résultat qui suit est plus profond et exige un raffinement de la classification des étapes que nous avons effectuée. Les techniques utilisées par Erdős pour le cas $g = 2$ [Erd60] ne suffisent pas, raison pour laquelle ce théorème a été plus délicat à généraliser que le théorème précédent. Je remercie Andrew Granville à qui appartiennent les idées de cette preuve ainsi que Pierre McKenzie et Michel Boyer qui ont suggéré des corrections et des améliorations de la preuve.

Théorème 2.2.17. *Soit $\varepsilon > 0$.*

$$\left| \left\{ g\text{-chaînes additives } 1 = a_0 < a_1 < \cdots < a_r = n \text{ avec } \lambda_g(n) = m \text{ et } r \leq m + \frac{(1-\varepsilon)m}{32g^3 \log_e g \lambda_g(m)} \right\} \right|$$

$$(2.2)$$

$$\leq \frac{g^m}{\alpha^m}$$

pour $\alpha = g^\varepsilon$ et m assez grand. En d'autres termes, le nombre de g-chaînes additives "assez courtes" est substantiellement inférieur à $(g-1)g^m$ qui est le nombre de n tel que $\lambda_g(n) = m$ pour m assez grand.

Démonstration. Considérons une chaîne additive

$$1 = a_0 < a_1 < \cdots < a_r = n \text{ avec } \lambda_g(n) = m.$$

Fixons un entier strictement positif $K < g$. Soit A_0 le nombre de g-étapes de cette chaîne.

Pour $i \geq 2$, $a_i \leq g^2 a_{i-2}$, et pour $i = 1$, $a_1 = g a_0 = g$.

Pour $1 \leq k \leq K$, soit A_k le nombre d'étapes i telles que

$$a_i = (g-k)a_{i-1} + a_{j_1} + \cdots + a_{j_h},$$

$a_{i-1} > a_{j_1} \geq \cdots \geq a_{j_h}$, $h \leq k$ et où $g-k$ est le plus grand coefficient de a_{i-1} parmi tous les coefficients de a_{i-1} dans les différentes décompositions possibles de a_i. Pour $i \geq 2$,

$$a_i \leq (g-k)a_{i-1} + k a_{i-2} \leq (g(g-k)+k)a_{i-2}.$$

Pour $i = 1$, $a_i \leq (g-k)a_0 = g-k \leq (g(g-k)+k)$.

Enfin, soit B le nombre d'étapes i telles que $a_i = c a_{i-1} + a_{j_1} + \cdots + a_{j_h}$, $c < g-K$, $a_{i-1} > a_{j_1} \geq \cdots \geq a_{j_h}$, $h+c \leq g$ et où c est le plus grand coefficient de a_{i-1} parmi tous les coefficients de a_{i-1} dans les différentes décompositions possibles de a_i. Pour $i \geq 2$,

$$a_i < (g-K)a_{i-1} + K a_{i-2} \leq (g(g-K)+K)a_{i-2}.$$

Pour $i = 1$, $a_i < (g-K)a_0 = g-K \leq (g(g-K)+K)$.

Ainsi, $r = A_0 + B + \sum_{k=1}^{K} A_k$.

On a une seule possibilité pour toute étape de A_0, au plus r^k possibilités pour toute étape de A_k, et au plus r^g possibilités pour toute étape de B.

On a :

$$g^{2m} \leq a_r^2 \leq g^{2A_0+1}(g(g-K)+K)^B \prod_{k=1}^{K}(g(g-k)+k)^{A_k} = g g^{2r}(1 - \frac{K}{g} + \frac{K}{g^2})^B \prod_{k=1}^{K}(1 - \frac{k}{g} + \frac{k}{g^2})^{A_k}.$$

En prenant le logarithme en base e, et en utilisant $\log_e(1 - \frac{k}{g} + \frac{k}{g^2}) \leq -\frac{k}{g} + \frac{k}{g^2} = \frac{k-gk}{g^2}$, et $\log_e(1 - \frac{K}{g} + \frac{K}{g^2}) \leq \frac{K - gK}{g^2}$, on obtient

$$\frac{gK - K}{g^2}B + \sum_{k=1}^{K} \frac{gk - k}{g^2}A_k \leq 2(r - m + \frac{1}{2})\log_e g. \qquad (2.3)$$

$$2.2 \leq \sum_{\substack{A_0 + B + \sum_{k=1}^{K} A_k = r \\ \frac{gK-K}{g^2}B + \sum_{k=1}^{K} \frac{gk-k}{g^2}A_k \leq 3(r-m)\log_e g}} \frac{r!}{A_0! B! \prod_{k=1}^{K} A_k!} r^{gB} \prod_{k=1}^{K} r^{kA_k}. \qquad (2.4)$$

En utilisant $\frac{r!}{A_0!} \leq r^{r-A_0} = r^{B + \sum_{k=1}^{K} A_k}$, $B! > \left(\frac{B}{e}\right)^B$, et $A_k! > \left(\frac{A_k}{e}\right)^{A_k}$, on obtient :

$$2.4 \leq \sum_{\substack{A_0 + B + \sum_{k=1}^{K} A_k = r \\ \frac{gK-K}{g^2}B + \sum_{k=1}^{K} \frac{gk-k}{g^2}A_k \leq 3(r-m)\log_e g}} \left(\frac{er^{g+1}}{B}\right)^B \prod_{k=1}^{K} \left(\frac{er^{k+1}}{A_k}\right)^{A_k}. \qquad (2.5)$$

En utilisant 2.3, on obtient :

$$2.5 \leq \sum_{\substack{A_0 + B + \sum_{k=1}^{K} A_k = r \\ \frac{gK-K}{g^2}B + \sum_{k=1}^{K} \frac{gk-k}{g^2}A_k \leq 3(r-m)\log_e g}} \left(\frac{er^{g+1-\frac{gK-K}{g^2}}}{B}\right)^B \prod_{k=1}^{K} \left(\frac{er^{k+1-\frac{gk-k}{g^2}}}{A_k}\right)^{A_k} r^{3(r-m)\log_e g}. $$

$$(2.6)$$

Considérons la fonction $f(A) = \left(\frac{er}{A}\right)^A$.

f croît lorsque $A = A_j$, $1 \leq j \leq K$, croît : $\log_e f(A) = A(\log_e(er) - \log_e A)$; $(\log_e f(A))' = \log_e(er) - \frac{A}{A} - \log_e A = \log_e(r) - \log_e A \geq 0$.

Soit $q' = \frac{gk - k}{g^2}$.

$$\left(\frac{er}{A_j}\right)^{A_j} \leq \left(\frac{q'er}{3(r-m)\log_e g}\right)^{\frac{3(r-m)\log_e g}{q'}} \leq \left(\frac{q''m}{r-m}\right)^{q'''(r-m)}$$

avec q'', q''' constantes strictement positives.

On reprend le même raisonnement que ci-dessus : posons $x = r - m$; $0 \leq x < \dfrac{m}{\lambda_g(m)}$,

ainsi $\log_e x < \log_e \left(\dfrac{m}{\lambda_g(m)} \right)$.

$$f(x) = \left(\frac{q''m}{x} \right)^{q'''x}$$

croît lorsque x croît car

$$\log_e(f(x)) = q'''x(\log_e(q''m) - \log_e x)$$

et

$$(\log_e(f(x))' = q''' \log_e(q''m) - \frac{q'''x}{x} - q''' \log_e x \geq q''' \log_e(q''m) - q''' - q''' \log_e \left(\frac{m}{\lambda_g(m)} \right) > 0$$

pour m assez grand.

Ainsi,

$$\left(\frac{q''m}{r-m} \right)^{q'''(r-m)} \leq \left(\frac{q''m\lambda_g(m)}{m} \right)^{\frac{q'''m}{\lambda_g(m)}} \leq (\log_e m)^{O\left(\frac{m}{\lambda_g(m)} \right)} = e^{O\left(\frac{m\log_e(\log_e m)}{\log_e m} \right)},$$

pour $1 \leq j \leq K$. Et cela reste vrai lorsque A_j est remplacé par B. Ainsi, le produit de $K + 1$ tels termes est toujours borné par

$$e^{O\left(\frac{m\log_e(\log_e m)}{\log_e m} \right)}$$

dont l'ordre de grandeur est plus petit que g^m.

De plus,

$$r^{3(r-m)\log_e g} < g^{\frac{(1-\varepsilon)}{2}m}.$$

En effet,

$$3(r-m)\log_e g \log_e r \leq \frac{3(1-\varepsilon)m\log_e g\log_e r}{32g^3\log_e g\lambda_g(m)} \leq m\frac{(1-\varepsilon)}{2}\log_e g.$$

Pour montrer que 2.2 est inférieur à $g^{(1-\varepsilon)m}$ pour m assez grand, il suffit de montrer que :

$$\sum_{\substack{A_0+B+\sum_{k=1}^K A_k=r \\ \frac{gK-K}{g^2}B+\sum_{k=1}^K \frac{gk-k}{g^2}A_k\leq 3(r-m)\log_e g}} r^{(g-\frac{gK-K}{g^2})B}\prod_{k=1}^K r^{(k-\frac{gk-k}{g^2})A_k} \leq g^{\frac{1-\varepsilon}{2}m}$$

pour m assez grand.

D'une part, $r^{(g-\frac{gK-K}{g^2})B}\prod_{k=1}^K r^{(k-\frac{gk-k}{g^2})A_k} \leq g^{\frac{1-\varepsilon}{4}m}$:

$$gB\log_e r \leq g\log_e r\frac{3g^2(r-m)\log_e g}{gK-K} \leq \log_e r\frac{(1-\varepsilon)m}{32g^3\log_e g\lambda_g(m)}\frac{3g^3\log_e g}{gK-K} \leq \frac{1-\varepsilon}{8}m\log_e g,$$

pour m assez grand, et

$$kA_k\log_e r \leq k\frac{3(r-m)g^2\log_e g}{gk-k}\log_e r \leq \frac{3kg^2\log_e g\log_e r}{k(g-1)}\frac{(1-\varepsilon)m}{32g^3\log_e g\lambda_g(m)} \leq \frac{1-\varepsilon}{8K}m\log_e g$$

pour m assez grand car $K<g$.

D'autre part,

$$\sum_{\substack{A_0+B+\sum_{k=1}^K A_k=r \\ \frac{gK-K}{g^2}B+\sum_{k=1}^K \frac{gk-k}{g^2}A_k\leq 3(r-m)g\log_e g}} 1 \leq \max B\prod_{k=1}^K \max A_j \leq r^{K+1} \leq (2m)^{K+1} < g^{\frac{1-\varepsilon}{4}m}$$

pour m assez grand. (A_0 est déterminé par $r-\sum_{k=1}^K A_k-B$). En effet,

$$(K+1)\log_e(2m) < \frac{1-\varepsilon}{4}m\log_e g$$

pour m assez grand. $\qquad\qquad\square$

Corollaire 2.2.18. *Soit $\varepsilon > 0$. Pour presque tout n,*

$$l_g(n) \geq \lambda_g(n) + (1-\varepsilon)\frac{\lambda_g(n)}{32g^3 \log_e g \lambda_g(\lambda_g(n))}.$$

i.e la proportion d'entiers qui ne satisfont pas cette inégalité tend vers 0 lorsque n tend vers l'infini.

Démonstration. D'après le théorème 2.2.17,

$$\left| \left\{ g\text{-chaînes additives } 1 = a_0 < a_1 < \cdots < a_r = n \text{ avec } \lambda_g(n) = m \text{ et } r \leq m + \frac{(1-\varepsilon)m}{32g^3 \log_e g \lambda_g(m)} \right\} \right|$$

$$\leq \frac{g^m}{\alpha^m} \text{ où } \alpha = g^\varepsilon.$$

Mais

$$\frac{\frac{g^m}{\alpha^m}}{(g-1)g^m} = \frac{1}{(g-1)g^{\varepsilon m}} \xrightarrow[n \to \infty]{} 0.$$

□

2.3 Propriétés et conjectures sur la nature et la longueur des g-chaînes additives

Pour $n \leq 2500$, $l_2(n) = l_2^*(n)$. Peut-on généraliser ? Qu'en est-il pour $l_g(n)$ versus $l_g^*(n)$? Dans cette section, on va d'abord répondre à ces questions auxquelles Hansen avait répondu lorsque g valait 2. Ensuite, on va s'intéresser à une conjecture dite de Scholz-Brauer qui concerne le pire cas de la méthode binaire (g-aire). Puis on fera mention de quelques conjectures courantes et on entreverra une manière numérique de vérifier des propriétés des chaînes additives.

Hansen a développé des outils pour répondre à la question "$l_2(n) = l_2^*(n)$?" [Han59]. Voici l'approche pour g quelconque inspirée de l'arsenal exploité par Hansen qui adapte le cas $g = 2$ traité en [Knu73].

Soit

$$n = g^{e_0} + g^{e_1} + \cdots + g^{e_t}$$

avec $e_0 > e_1 > \cdots > e_t$.

Et soit

$$1 = a_0 < a_1 < \cdots < a_r = n$$

une g-chaîne additive étoile pour n avec d g-étapes.

$$d = b_0 \geq b_1 \geq \cdots \geq b_r = 0$$

où b_i = nombre de g-étapes parmi les étapes $i+1, \cdots, r$.

On définit une suite de multiensembles $S_0, S_1, \cdots S_r$ afin de suivre l'évolution des exposants de g à chaque étape :

$$S_0 = \{0\}.$$

Si $a_{i+1} = ga_i$, alors

$$S_{i+1} = \{x \mid x - 1 \in S_i\}.$$

Si $a_{i+1} = c_0 a_i + c_1 a_{k_1} + \cdots + c_m a_{k_m}$ où $\sum_{j=0}^{m} c_j \leq g$, $c_j > 0$ pour $0 \leq j \leq m$, $k_j < i$ pour $1 \leq j \leq m$, alors

$$S_{i+1} = c_0 S_i + c_1 S_{k_1} + \cdots + c_m S_{k_m}$$

où $+$ dénote l'union de multiensembles (avec multiplicité), et $c_i S_k$ dénote la somme de c_i termes S_k.

D'où,

$$a_i = \sum_{x \in S_i} g^x.$$

En particulier,

$$n = g^{e_0} + g^{e_1} + ... + g^{e_t} = \sum_{x \in S_r} g^x.$$

Soit $f = r - d$ le nombre de non g-étapes. Le nombre d'éléments dans S_r est au plus g^f. En effet, une g-étape ne change pas le nombre d'éléments dans S_i alors qu'une non g-étape, au plus, multiplie le nombre d'éléments par g.

Afin de suivre l'évolution des exposants de chacun des termes g^{e_j}, $0 \le j \le t$, de n à chaque étape, on partitionne S_r en $M_0, M_1, \cdots, M_t$ tels que

$$g^{e_j} = \sum_{x \in M_j} g^x, 0 \le j \le t.$$

Une manière d'effectuer une telle partition consiste à choisir d'abord (et une à une) les puissances de g les plus petites dans S_r. Lorsque leur somme atteint g^{e_t}, on aura formé M_t. On retire ces éléments de S_r et on choisit à nouveau les plus petites puissances restantes jusqu'à ce que l'on forme $M_{t-1}, \cdots$

$$|M_j| = m_j \le g^f - t$$

parce que S_r a au plus g^f éléments et est partitionné en $t + 1$ multiensembles non vides. De plus, $\forall x \in M_j$,

$$e_j \ge x \ge e_j - m_j.$$

En effet, d'une part, $g^{e_j} \ge g^x$ pour $x \in M_j$ et d'autre part, si $x < e_j - m_j$ il y aurait au moins $m_j + 1$ éléments dans M_j, contradiction.

Supposons que S_r est partitionné en $t + 1$ multiensembles $M_0, \cdots, M_t$, on partitionne S_i en $t + 1$ multiensembles M_{ij} comme :

$$M_{rj} = M_j.$$

Si $a_{i+1} = g a_i$ alors

$$M_{ij} = \{x \mid x + 1 \in M_{(i+1)j}\}.$$

Si $a_{i+1} = c_0 a_i + c_1 a_{k_1} + \cdots + c_m a_{k_m}$, où $\sum_{j=0}^{m} c_j \leq g$, $c_j > 0$ pour $0 \leq j \leq m$, $k_j < i$ pour $1 \leq j \leq m$, alors

$$c_0 M_{ij} = M_{(i+1)j} - c_1 S_{k_1} - \ldots - c_m S_{k_m}.$$

Pour obtenir M_{ij}, on conserve une seule copie de chaque c_0 éléments identiques dans $c_0 M_{ij}$. Si un élément de $\bigcup_{i=1}^{m} c_i S_{k_i}$ appartient à plusieurs multiensembles $M_{(i+1)j}$, on l'enlève de celui avec plus grand j. (Cette convention est naturelle puisqu'en ajoutant des puissances de g, on forme les plus petites puissances de n d'abord ; les puissances de g ajoutées à la fin sont donc celles qui participent aux plus grands e_j.)

$\forall x \in M_{ij}$,

$$e_j - b_i \geq x$$

car à chaque g-étape, on enlève 1, et

$$x > e_j - b_i - m_j.$$

Lemme 2.3.1. *Si M_{ij} et M_{uv} contiennent tous les deux un même entier x alors*

$$-m_v < (e_j - e_v) - (b_i - b_u) < m_j.$$

(Ce résultat est explicité en [Knu73] pour le cas $g = 2$.)

Démonstration.

$$e_j - b_i \geq x > e_j - b_i - m_j \text{ et } e_v - b_u \geq x > e_v - b_u - m_v.$$

La partie gauche de la première inégalité et la partie droite de la deuxième donnent la partie gauche de l'inégalité à démontrer.

De même, la partie droite de la première inégalité et la partie gauche de la deuxième donnent la partie droite de l'inégalité à démontrer. $\qquad\square$

36

Théorème 2.3.2. *Soit*

$$n = g^{e_0} + g^{e_1} + \cdots + g^{e_t},$$

$e_0 > e_1 > \cdots > e_t \geq 0.$
Si

$$e_0 > 2e_1 + c\left(\frac{t}{g-1} - 1\right) \text{ et } e_{i-1} \geq e_i + 2m$$

$\forall 1 \leq i \leq t$ *où* $m = g^{\lfloor c(\frac{t}{g-1}-1)\rfloor} - t$, *c est la constante donnée par le corollaire 2.2.12 et t est multiple de* $g-1$ *alors* $l_g^*(n) \geq e_0 + \frac{t}{g-1}$.

(Un résultat semblable est explicité en [Knu73] pour le cas $g = 2$. *Certaines étapes de cette preuve utilisent des idées différentes.)*

Démonstration. $t \geq g-1$ parce que pour $t = 0$, $l_g(n) = l_g^*(n) = e_0$.

Supposons qu'on a une g-chaîne additive

$$1 = a_0, a_1, \cdots, a_r = n$$

pour n où $r \leq e_0 + \frac{t}{g-1} - 1$ (donc avec au plus $\frac{t}{g-1} - 1$ étapes réduites).

Les entiers $d, f, b_0, \cdots, b_r$ et les multiensembles M_{ij} et S_i sont tels que définis précédemment.

$$f \leq \left\lfloor c\left(\frac{t}{g-1} - 1\right)\right\rfloor$$

par le corollaire 2.2.12.

Pour tout $0 \leq j \leq r$, $m_j \leq g^f - t$ donc

$$m_j \leq g^{\lfloor c(\frac{t}{g-1}-1)\rfloor} - t = m.$$

De plus,

$$a_i = \sum_{x \in M_{i0}} g^x + \sum_{x \in M_{i1}} g^x + \cdots + \sum_{x \in M_{it}} g^x.$$

Il n'y a pas d'interférence (de retenues) entre une somme et l'autre, en effet, $e_{i-1} \geq e_i + 2m$ donc

$$x_{\in M_{i(j-1)}} > e_{j-1} - b_i - m_{j-1} \geq e_j + 2m - b_i - m_{j-1} > e_j - b_i \geq x'_{\in M_{ij}}.$$

En particulier, la somme pour des j différents n'affecte pas les termes pour $j = 0$. Donc, pour $0 \leq i \leq r$,

$$a_i \geq \sum_{x \in M_{i0}} g^x \geq g^{\lambda_g(a_i)}.$$

$M_{0j} = \emptyset$, $1 \leq j \leq t$. $M_{rj} = M_j \neq \emptyset$. On peut donc choisir le plus petit i tel que

$$M_{ij} \neq \emptyset.$$

Si i est une g-étape,

$$M_{(i-1)j} = \{x \mid x + 1 \in M_{ij}\} \neq \emptyset.$$

Contradiction. Ainsi, i n'est pas une g-étape. En fait,

$$a_i = e a_{i-1} + c_{u_1} a_{u_1} + \cdots + c_{u_l} a_{u_l}$$

où $e + \sum_{j=1}^{l} c_{u_j} \leq g$, $i - 1 > u_1 > \cdots > u_l$.
Par ailleurs,

$$M_{ij} \subseteq \cup_{j=1}^{l} c_{u_j} S_{u_j}$$

parce que $M_{(i-1)j} = \emptyset$.
Soit $x_j \in M_{ij}$, alors,

$$\exists k \in \{1, \cdots, l\} \text{ tel que } x_j \in S_{u_k}.$$

Sans perte de généralité,

$$\exists j_0 \in \{1, \cdots, t\} \text{ tel que } x_{j_0} \in M_{ij_0} \text{ implique } x_{j_0} \in S_{u_1}.$$

Sinon, u_1 ne permet à aucun nouvel exposant de g dans n d'entrer en jeu dans la chaîne additive. Et comme on cherche à montrer le théorème pour tous coefficients k_i de g_i dans n, on gagnerait à utiliser le coefficient c_{u_1} de a_{u_1} devant a_{i-1} (qu'on ajoute à e) afin d'atteindre e_0 avec le moins d'étapes supplémentaires possibles (l'introduction de certains coefficients devant les puissances de g importe peu parce que même avec ces coefficients convenables-là, on ne pourra pas construire une g-chaîne additive pour n en moins de $\frac{t-1}{g}$ étapes réduites).

Dans ce qui suit, on montre que i est une étape réduite.

Soit j tel que :

$$x_j \in M_{ij} \text{ implique } x_j \in S_{u_1}.$$

Alors $b_{u_1} - b_i > m$, parce que si $b_{u_1} - b_i \leq m$, par le lemme 2.3.1,

$$e_{v_1} - e_j < m + (b_{u_1} - b_i) \leq 2m,$$

et en conséquence, $j = v_1$.

Contradiction, parce que $M_{u_1 j} = \emptyset$ puisque $u_1 < i - 1$ mais $x_j \in M_{u_1 v_1}$.

Donc, il y a au moins $m + 1$ g-étapes entre u_1 et i.

Les éléments de S_{u_h}, $1 \leq h \leq g - 1$ sont inférieurs à $e_1 - b_i$.

En effet, soit $x \in S_{u_h} \subseteq S_i$, et $x > e_1 - b_i \geq e_1 - b_{u_h}$. Alors $x \in M_{u_h 0}$ et $x \in M_{i0}$ puisque $e_j - b_i \geq x, \forall x \in M_{ij}$.

Le lemme 2.3.1, avec $j = v = 0$ implique $b_{u_h} - b_i < m$.

Contradiction avec ce qu'on a obtenu précédemment car $b_{u_h} - b_i \geq b_{u_1} - b_i > m$.

En fait, comme $x \in M_{i0}$ implique

$$x > e_0 - b_i - m_0 > e_1 - b_i,$$

cet argument montre que pour $1 \leq h \leq g - 1$,

$$M_{i0} \cap S_{u_h} = \emptyset$$

i.e $eM_{(i-1)0} = M_{i0}$.

D'où,

$$a_{i-1} \geq \sum_{x \in M_{(i-1)0}} g^x = \frac{1}{e} \sum_{x \in M_{i0}} g^x \geq \frac{1}{e} g^{\lambda_g(a_i)},$$

donc $\lambda_g(a_{i-1}) = \lambda_g(a_i)$ car i n'est pas une g-étape ($e < g$). Ainsi, i est une étape réduite.

On montre que l'entrée en jeu des exposants $e_1, \cdots, e_t$ de g doit se faire un à la fois (avec un maximum de $g - 1$ exposants par étape réduite).

$S_{u_k} \subseteq M_{u_k 0}$. En effet, soit $x \in S_{u_k}$. $y = r - f - b_{u_k} =$ nombre de g-étapes jusqu'à l'étape u_k, est le plus grand élément de S_{u_k}.

Si $x \notin M_{u_k 0}$, $e_1 - b_{u_k} \geq x$ parce que $x \in M_{u_k j}$, $j \geq 1$. Donc $e_1 \geq b_{u_k}$.

Aussi, $e_1 \geq e_1 - b_i \geq y$ car y n'appartient pas à M_{i0} mais appartient à S_i.

De plus, $y > e_0 - f - b_{u_k} \geq e_0 - c\left(\frac{t}{g-1} - 1\right) - e_1$. Contradiction avec l'hypothèse du théorème sur e_0.

Ainsi, $x_j \in M_{ij}$ entraîne

$$x_j \in S_{u_k} \subseteq M_{u_k 0} \text{ et } e_0 - b_{u_k} \geq x_j > e_0 - b_{u_k} - m.$$

Si $j \neq j'$, et i est à la fois le plus petit tel que $M_{ij} \neq \emptyset$ et $M_{ij'} \neq \emptyset$, u_k ne peut pas être la même pour j et j'. Autrement, $|x_j - x'_j| < m$, mais $x_j \in M_{ij}$ et $x_{j'} \in M_{ij' \neq j}$ et leurs éléments diffèrent de plus de m par hypothèse. Contradiction.

Ainsi, on a au moins t termes différents qui correspondent à l'entrée en jeu des t exposants de g dans n qui doivent être ajoutés à des étapes réduites. Afin de minimiser le nombre d'étapes réduites, on regrouperait ces t termes $g-1$ à la fois (nombre maximal de tels termes à une étape réduite). Mais cela requiert $\frac{t}{g-1}$ étapes réduites. Contradiction. $\qquad\square$

Remarque 2.3.3. La borne 2.3.2 est atteinte. En effet, $1, g, \cdots, g^{e_0}, g^{e_0} + \cdots + g^{e_g-1}, g^{e_0} + \cdots + g^{e_g-1} + g^{e_g} + \cdots + g^{e_{2(g-1)}}, \cdots, g^{e_0} + \cdots + g^{e_t}$ est une g-chaîne additive étoile valide pour $n = g^{e_0} + \cdots + g^{e_t}$ de longueur $e_0 + \frac{t}{g-1}$.

Théorème 2.3.4. *Si $\lambda_g(x) + \lambda_g(y) \le A$, alors*

$$l_g(g^A + xy) \le A + \mu_g(x) + \mu_g(y)$$

où $\mu_g(n) =$ nombre de coefficients non nuls dans la représentation de n en base g. (Ce résultat est explicité en [Knu73] pour le cas $g = 2$.)

Démonstration. Soit

$$x = c_1 g^{x_1} + \cdots + c_k g^{x_k}$$

et

$$y = k_1 g^{y_1} + \cdots + k_v g^{y_v}$$

où $x_1 > \cdots > x_k \ge 0$ et $y_1 > \cdots > y_v \ge 0 := y_{v+1}$.

On forme d'abord g^{A-y_1}. Cela requiert $A - y_1$ étapes.

Ensuite, on forme x en incluant les éléments suivants :

$$c_1 g^{x_1}, c_1 g^{x_1} + c_2 g^{x_2}, \cdots, c_1 g^{x_1} + c_2 g^{x_2} + \cdots + c_k g^{x_k}.$$

Cela prend $\mu_g(x)$ étapes de plus (comme $\lambda_g(x) \le A - \lambda_g(y)$ on avait toutes les puissances de g nécessaires).

Enfin, on forme $g^A + xy$ en ajoutant dans la chaîne additive les éléments suivants :

$$g^{A-y_1} + k_1 x, g(g^{A-y_1} + k_1 x), \cdots, g^{y_1-y_2}(g^{A-y_1} + k_1 x) = g^{A-y_2} + k_1 x g^{y_1-y_2},$$

$$g^{A-y_2} + k_1 x g^{y_1-y_2} + k_2 x, \cdots, g^{y_2-y_3}(g^{A-y_2} + k_1 x g^{y_1-y_2} + k_2 x)$$

$$= g^{A-y_3} + (k_1 g^{y_1-y_3} + k_2 g^{y_2-y_3})x, \cdots, \cdots, g^A + xy.$$

Cela requiert $\mu_g(y)$ étapes pour les additions des coefficients de y et y_1 multiplications par g.

Au total, on a donc

$$A - y_1 + \mu_g(x) + \mu_g(y) + y_1 = A + \mu_g(x) + \mu_g(y)$$

étapes. $\qquad\qquad\square$

Remarque 2.3.5. En fait, pour former $c_1 g^{x_1} + c_2 g^{x_2} + \cdots + c_k g^{x_k}$, on a besoin de moins de $2\left\lceil \dfrac{\sum_{i=1}^{k} c_i}{g} \right\rceil$, car on peut regrouper les puissances à additionner par groupe de g. En particulier, si $c_i = 1$, $1 \le i \le k$, on a besoin de moins de $2\left\lceil \dfrac{k}{g} \right\rceil$ étapes pour former $g^{x_1} + \cdots + g^{x_k}$.

Corollaire 2.3.6. *Il existe des valeurs de n pour lesquelles $l_g(n) < l_g^*(n)$.*
(Ce résultat est explicité en [Knu73] pour le cas $g = 2$.)

Démonstration. Soit $u := 2m$ où $m := g^{\lfloor c2vg \rfloor} - 2vg(g-1)$, $v > 2$ entier, et c est la constante donnée par le corollaire 2.2.12. Et soit

$$n = g^{2m+2(2vg(g-1)-1)u+\lceil 2cvg \rceil+1} + g^{(2vg(g-1)-1)u} + \cdots + g^{vg(g-1)u} + g^{(vg(g-1)-1)u} + \cdots + g^u + 1.$$

D'une part, $n = g^{2m+2(2vg(g-1)-1)u+\lceil 2cvg \rceil+1} + xy$ où $y = 1 + g^{vg(g-1)u}$ et $x = g^{(vg(g-1)-1)u} + \cdots + g^{2u} + g^u + 1$.

De plus,

$$\lambda_g(x) + \lambda_g(y) = 2vg(g-1)u - u \le 2m + 2(2vg(g-1)-1)u + \lceil 2cvg \rceil + 1.$$

D'où par le théorème 2.3.4 et la remarque 2.3.5,

$$l_g(n) \le 2m + 2(2vg(g-1)-1)u + \lceil 2cvg \rceil + 1 + 2 + 2v(g-1).$$

D'autre part, si on écrit n comme $g^{e_0} + g^{e_1} + \cdots + g^{e_t}$, on voit que $t = 2vg(g-1)$,

$$e_0 = 2m + 2(2vg(g-1)-1)u + \lceil 2cvg \rceil + 1 > 2e_1 + c\left(\frac{t}{g-1} - 1\right)$$

$$= 2(2vg(g-1)u - u) + c(2vg - 1)$$

et pour $1 \le i \le 2vg(g-1)$,

$$e_{i-1} \ge e_i + u = e_i + 2m$$

où

$$m = g^{\lfloor 2vcg \rfloor} - 2vg(g-1) \ge g^{\lfloor c(\frac{t}{g-1}-1) \rfloor} - t.$$

D'où, par le théorème 2.3.2,

$$l_g^*(n) \ge 2m + 2(2vg(g-1)-1)u + \lceil 2cvg \rceil + 1 + 2vg > l_g(n)$$

car $v > 2$. $\qquad\square$

On peut même aller plus loin en choisissant l'écart qu'on voudrait avoir entre l et l^*.

Proposition 2.3.7. *Soit $q \in \mathbb{N}$. Il existe n tel que $l_g(n) \le l_g^*(n) - q$.*
(Ce résultat est explicité en [Knu73] pour le cas $g = 2$.)

Démonstration. Il suffit de prendre $v = q + 2$ dans la preuve du corollaire 2.3.6. $\qquad\square$

Remarque 2.3.8. La conjecture de Scholz-Brauer

$$l_2(2^n - 1) \leq n - 1 + l_2(n)$$

est l'un des problèmes les plus populaires sur les 2-chaînes additives. En effet, $2^n - 1$ représente le pire cas pour la méthode binaire. Scholz a émis la conjecture [Sch37], Brauer l'a prouvée pour les 2-chaînes additives étoiles, i.e, il a établi que

$$l_2^*(2^n - 1) \leq n - 1 + l_2^*(n)$$

en [Bra39], et Hansen l'a étendue à un plus grand ensemble de 2-chaînes additives [Han59].

Définition 2.3.9. Une g-chaîne additive $a_0, a_1, \cdots, a_r = n$ pour n a la propriété P si elle a la propriété suivante : il existe un ensemble d'étapes E tel qu'à chaque étape $a_i = a_{u_1} + \cdots + a_{u_m}, 2 \leq m \leq g, a_{u_1} \geq \cdots \geq a_{u_m}$,

$$a_{u_1}, \cdots, a_{u_{m-1}} \in E,$$

$0 \leq i \leq r$.

On note la longueur minimale d'une telle g-chaîne pour n par $l_g^o(n)$.

Remarque 2.3.10. Pour vérifier qu'une g-chaîne additive a la propriété P ci-dessus, il suffit d'ordonner E comme $b_0, b_1, \cdots, b_m$, puis à chaque étape a_i de la chaîne telle que b_t est le plus grand élément de E inférieur à a_i, vérifier que l'un de $a_i - b_t, \cdots, a_i - b_t - \cdots - b_{t-g+2}$, mettons $a_i - b_t \cdots - b_j, 1 \leq j \leq t$, appartient à la chaîne $a_0, a_1, \cdots, a_k$ avec $a_k < b_j$.

Exemple 2.3.11. $1, g, g^2, g^3, \cdots, g^k + g^{k-1} + \cdots + g^{k-g+1}$, $k > g$, est un exemple de g-chaîne additive ayant la propriété P. Il suffit de prendre pour ensemble E l'ensemble des étapes de la chaîne. En particulier, toute chaîne additive étoile a la propriété P (il suffit de prendre pour ensemble E l'ensemble des étapes de la chaîne).

Remarque 2.3.12. On ne sait pas si $l_g^o(n) = l_g(n)$ pour tout n.

Théorème 2.3.13. $l_g(g^n - 1) \leq l_g^o(n) + (g-1)b_t - b_0 - b_1 - \cdots - b_{g-2}$ *où* $1 = a_0, a_1, \cdots,$ $a_r = n$ *est une g-chaîne additive de longueur minimale* $l_g^o(n)$ *pour n avec la propriété P,* *et* $1 = b_0, b_1, \cdots, b_t = n$ *sont les éléments ordonnés de E.*

Démonstration. Pour former une g-chaîne additive de longueur minimale pour $g^n - 1$, on inclut $g^{a_0} - 1, g^{a_1} - 1, \cdots, g^{a_r} - 1$.

On inclut aussi $g^i(g^{b_j} - 1)$ pour

$$0 \leq j \leq t - g + 1, \ 1 \leq i \leq b_{j+g-1} - b_j$$

et

$$t - g + 2 \leq j \leq t - 1, \ 1 \leq i \leq b_t - b_j.$$

Puis on ordonne le tout.

Il y aura dans la chaîne

$$l_g^o(n) + (b_{g-1} - b_0) + (b_g - b_1) + \cdots + (b_t - b_{t-g+1}) + (b_t - b_{t-g+2}) + \cdots + (b_t - b_{t-1})$$
$$= l_g^o(n) + (g-1)b_t - b_0 - b_1 - \cdots - b_{g-2}$$

éléments.

Toutes les étapes respectent la définition de g-chaîne additive. En effet, $g^i(g^{b_j} - 1)$ multiplie par g l'élément précédent et $a_i = a_k + b_{j_1} + \cdots + b_{j_m}$, $1 \leq m \leq g - 1$, i.e, $a_k = a_i - b_{j_1} - \cdots - b_{j_m} \leq b_{j_m+1} - b_{j_1}$ donc on évalue

$$(g^{a_k} - 1) + (g^{a_k}(g^{b_{j_1}} - 1)) + (g^{a_k + b_{j_1}}(g^{b_{j_2}} - 1)) + \cdots + (g^{a_k + b_{j_1} + \cdots + b_{j_{m-1}}}(g^{b_m} - 1))$$
$$= g^{a_i} - 1.$$

Comme $m \leq g - 1$, il y a au plus g termes dans la dernière somme. De plus, tous les termes ont déjà été obtenus. $\square$

Dans le cas de $g = 2$, le résultat obtenu par Hansen était plus fort ; la chaîne construite pour $2^n - 1$ conservait la propriété P. On le voit dans le corollaire ci-dessous (qui suit de la preuve du théorème ci-dessus) :

Corollaire 2.3.14. *[Han59]* $l_2^o(2^n - 1) \leq n - 1 + l_2^o(n)$.

Démonstration. Comme indiqué en [Knu73], pour $g = 2$, la construction de la 2-chaîne additive pour $2^n - 1$ revient à inclure $2^{a_0} - 1, 2^{a_1} - 1, \cdots, 2^{a_r} - 1$ qui appartiendront à E' ssi les a_l appartiennent à E. Ensuite, on inclut $2^i(2^{b_j} - 1)$ pour $0 \leq j \leq t$ et $1 \leq i \leq b_{j+1} - b_j$ qui appartiendront tous à E'. On ordonne le tout.

Il y aura dans la chaîne $l_2^o(n) + (b_t - b_{t-1}) + \cdots + (b_1 - b_0) = l_2^o(n) + n - 1$ éléments.

Toutes les étapes respectent la propriété P : $2^i(2^{b_j} - 1)$ multiplie par 2 l'élément précédent qui appartient à E', et $a_i = a_k + b_j$, i.e, $a_k = a_i - b_j \leq b_{j+1} - b_j$ donc on évalue

$$2^{a_k}(2^{b_j} - 1) = 2^{a_i - b_j}(2^{b_j} - 1) = 2^{a_i} - 2^{a_k}$$

mais

$$2^{a_i} - 1 = 2^{a_i} - 1 + 2^{a_k} - 2^{a_k} = (2^{a_k} - 1) + 2^{a_k}(2^{b_j} - 1).$$

Le premier terme a déjà été obtenu parce que $k \leq i$ et le deuxième est le plus grand terme plus petit que $2^{a_i} - 1$ appartenant à E'. $\square$

Remarque 2.3.15. Le théorème 2.3.13 et le corollaire 2.3 peuvent se généraliser à $\dfrac{B^n - 1}{B - 1}$.

Il faudra inclure $\dfrac{B^{a_i} - 1}{B - 1}$, $0 \leq i \leq r$, et $c_k B^{i-1} \dfrac{B^{b_j} - 1}{B - 1}$, pour $1 \leq k \leq l^o(B)$,

$$0 \leq j \leq t - g + 1, 1 \leq i \leq b_{j+g-1} - b_j$$

et

$$t - g + 2 \leq j \leq t - 1, 1 \leq i \leq b_t - b_j$$

où $c_0, c_1, \cdots$ est une g-chaîne additive pour B avec la propriété P.

Remarque 2.3.16. Stolarsky prouve en particulier que $l_2(2^n - 1) \leq n - 1 + l_2(n)$ pour une infinité de n en [Sto69]. Par ailleurs, l'article [BBB94] révèle que l'inégalité de Scholz-Brauer est valide pour certaines stratégies relevant des méthodes des fractions continues. Et l'article [BN02] vérifie notamment l'inégalité de Scholz-Brauer pour tout n tel que $\mu_2(n) \leq 5$.(L'inégalité est vraie pour $\mu_2(n) \leq 2$ et $n = 2^s(2^t + 1)$ cf. [Utz53], pour $\mu_2(n) = 3$ cf. [GRS62] et pour $\mu_2(n) = 4$ cf. [Knu73]).

Malgré les avancées dans l'étude de la génération et construction des chaînes additives, de nombreux problèmes sur les g-chaînes additives restent ouverts. On en cite quelques-uns :

1. La conjecture

$$l_2(n) \geq \lambda_2(n) + \lceil \log_2(\mu_2(n)) \rceil$$

reste ouverte bien que Schönhage ait montré que

$$l_2(n) \geq \lceil \log_2(n) + \log_2(\mu_2(n)) - 2.13 \rceil$$

en [Sch75].

2. Pour $r \leq 1000$,

$$l_2(n) = \min(l_2(n-1) + 1, l) - \delta$$

où δ est 1 ou 0, et

$$l = l_2(p) + l_2(\frac{n}{p})$$

si p est le plus petit nombre premier divisant n, et $l = \infty$ si n est premier. Cela se généralise-t-il ? Peut-on trouver de la structure dans la valeur de δ ?

3. Les fonctions $d_g(r) = \left|\{ \text{ solutions à } l_g(n) = r\}\right|$, $c_g(r) = \min\{n \mid l_g(n) = r\}$, et $NMC_g(n) = \left|\{g\text{-chaînes additives minimales pour } n\}\right|$, seraient intéressantes à étudier, elles sont très mal connues pour le moment ($d_g(r)$ est-elle bien croissante ? quelle est son évolution asymptotique ?).

4. On dénote par $l_g(n_1, \cdots, n_m)$ la chaîne additive la plus courte pour n_m qui contient $n_1 < \cdots < n_m$. Que peut-on dire d'intéressant sur $l_g(n_1, \cdots, n_m)$?

5. Dans un modèle beaucoup plus général que celui des chaînes additives, on se permet d'utiliser la soustraction et le produit en plus de la somme. On appelle $\tau(n)$ le nombre minimal d'opérations arithmétiques nécessaires à la construction de n à partir de 1 et 2. Et on s'intéresse aux bornes uniformes $\tau(x_n)$ sur des suites x_n [Koi04].

Vu le nombre de problèmes ouverts relatifs aux chaînes additives, il est certainement bénéfique de recourir à l'ordinateur pour pouvoir observer certaines données des chaînes additives. D'ailleurs, beaucoup ont cherché à optimiser la recherche de 2-chaînes additives minimales voire même de l'ensemble des chaînes additives minimales pour un entier n. En pratique, c'est ce qui a aidé à montrer que diverses conjectures qui semblaient raisonnables n'étaient pas correctes. Un point de départ consiste à utiliser une version plus complète de la méthode de l'arbre : Construire un arbre de racine 1, dont les noeuds sont des entiers et où le chemin de la racine à l'entier d représente une chaîne additive pour d. Au niveau $k+1$, de gauche à droite, attacher au-dessous de chaque élément n du niveau précédent k, $1+n, a_2+n, \cdots, a_{k-1}+n = 2n$, où $1, a_2, \cdots, a_{k-1} = n$ est le chemin de la racine de l'arbre au noeud n. On obtiendra ainsi toutes les 2-chaînes additives pour un entier n comme illustré à la figure 2.2.

Pour chercher les 2-chaînes additives de longueur minimale, on peut se servir des bornes inférieures sur $l_2(n)$. On pose $r = \lceil \log_2(n) + \log_2(\mu_2(n)) - 2.13 \rceil$ et on cherche des 2-chaînes additives de longueur r pour n en faisant un parcours en profondeur de l'arbre. Si le parcours reste sans succès, on pose $r = r + 1$. Pour réduire le parcours, on se sert du fait que $a_i \leq 2a_{i-1}$. En effet, à l'étape i, si $n = a_r > 2^m a_i$ où $m = r - i$, alors il sera impossible d'atteindre n en m étapes. On peut même aller plus loin : on peut se servir d'une borne inférieure pour $a_i + a_{i-1}$. Aussi, si n est impair, comme a_r est une étape étoile, sinon la même chaîne sans a_{r-1} serait bonne et plus courte, alors, $a_r = a_{r-1} + a_j$ où $j < r - 1$ puisque $r = a_n$ est impair, et on peut s'en servir pour réduire encore le parcours [Thu99].

On conclut ce chapitre en évoquant certaines constatations calculatoires sur les chaînes additives évoquées en [Thu99] :

1. Pour tout $n \leq 327678$, $l_2(n) \geq \lambda_2(n) + \lceil \log_2(\mu_2(n)) \rceil$.

2. $l_2(2^n - 1) = n - 1 + l_2(n)$ pour $1 \leq n \leq 14$ selon [Knu73].

3. $n = 12509$ est le plus petit entier pour lequel aucune 2-chaîne additive minimale n'est étoile.

4. 49593 et 49594 sont des entiers adjacents pour lesquels aucune 2-chaîne additive minimale est n'étoile.

5. $n = 13818$ et $n = 27578$ sont des entiers pairs tels que $l_2(2n) = l_2(n)$.

6. $\frac{2^{13}+1}{3}$ est le plus petit entier n tel que $l(mn) < l(n)$ d'après [Knu73]. En effet, $l(\frac{2^{13}+1}{3}) = 15$ tandis que $l(2^{13} + 1) = 14$.

7. Le premier entier avec plus de 1000000 2-chaînes additives minimales est 15126.

8. On connaît les valeurs de $c_2(19), \cdots, c_2(27)$.

9. 65121 est le premier entier dont toutes les 2-chaînes additives minimales exigent 6 étapes réduites.

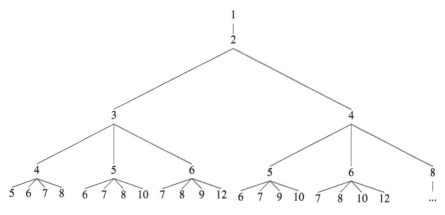

Figure 2.2 – Recherche de 2-chaînes additives minimales

10. Une 2-chaîne additive minimale pour $n = 1048577$ peut être trouvée plus rapidement à l'aide des algorithmes développés en [Thu99] qu'une 2-chaîne pour $n = 191$.

11. $NMC_2(29) = 132$.

12. $NMC_2(n) = 1$ si et seulement si n est une puissance de 2 [Fla99].

50

CHAPITRE 3

REPRÉSENTATION DE POLYNÔMES PAR DES CIRCUITS
ARITHMÉTIQUES.

Après avoir étudié la construction, la génération et certaines propriétés des chaînes additives pour un entier d (ou encore un monôme x^d), on s'intéresse dans ce chapitre à des polynômes plus généraux de degré d, et on explicite des familles de polynômes sur différents corps pour lesquels la représentation par un circuit arithmétique exige exactement $l_2(d)$ portes multiplicatives.

Ensuite, on présente un exemple de famille de polynômes pour lesquels le phénomène dit "d'annulation du degré" est nécessaire pour performer optimalement dans le modèle du circuit arithmétique où l'on compte le nombre d'additions seulement.

Puis on aborde la conjecture de Strassen qui ne peut être fausse à moins que le phénomène "d'annulation du degré" ne joue un rôle crucial et on montre qu'elle tient pour certaines familles de degrés.

La factorisation de polynômes est exploitée de manière judicieuse ci-dessous afin de fournir une borne supérieure sur le nombre de multiplications requis pour la représentation d'un polynôme par un circuit arithmétique.

Proposition 3.0.17. *Tout polynôme $f(x) \in \mathbf{Z}[x]$ de degré d peut être représenté par un circuit arithmétique avec au plus $2\sqrt{d} + 1$ portes multiplicatives. [PS73]*

Démonstration. On écrit $f(x)$ comme

$$g_0 + x^k \left(g_1 + \cdots + x^k \left(g_{k-2} + x^k \left(g_k x^k + g_{k-1} \right) \right) \right),$$

où $g_i \in \mathbf{Z}[x]$ et a degré $k = \lceil \sqrt{d} \rceil$, $0 \leq i \leq k$.

On évalue d'abord $x, x^2, x^3, \cdots, x^k$ en $k-1$ portes multiplicatives, ce qui permet d'évaluer

g_i, $0 \leq i \leq k$. On effectue ensuite les k multiplications par x^k pour obtenir $f(x)$ à partir des g_i.

On aura donc recouru à $2k - 1$ portes multiplicatives. Comme $k \leq \sqrt{d} + 1$, $2k - 1 \leq 2\sqrt{d} + 1$. $\qquad\qquad\qquad\square$

Remarque 3.0.18. En fait, Paterson et Stockmeyer ont montré que $\sqrt{2d} + O(\lg d)$ portes multiplicatives suffisent. Par ailleurs, ils ont montré en [PS73] que la plupart des polynômes appartenant à **Q**[x] de degré n requièrent plus de $\sqrt{n}$ multiplications sur **C** et que $\sqrt{n}$ multiplications sont nécessaires pour la représentation générale des polynômes de degré n [PS73, BM75].

3.1 Polynômes pouvant être représentés avec un nombre réduit de portes multiplicatives dans un circuit arithmétique

Dans l'article [BMR09], des polynômes représentables efficacement sont présentés pour différents degrés. Dans ce qui suit, nous exposons des familles infinies de polynômes efficacement représentables sur différents corps.

Définition 3.1.1. Un d−gem est un circuit arithmétique qui représente un polynôme de degré d avec d racines entières distinctes, et qui a au plus $l(d) := l_2(d)$ portes multiplicatives [BMR09].

Exemple 3.1.2. Pour $d = 1, 2, 3$, tous les polynômes qui ont des racines entières distinctes peuvent être obtenus à l'aide de d-gems.

Pour $d = 4$, les polynômes de la forme $(x - a)(x - b)(x - c)(x - d)$, où a, b, c, d sont des entiers distincts, peuvent être obtenus à l'aide de 4-gems. En effet, d'une part les racines de ce polynôme sont distinctes, et d'autre part, il suffit de générer x^2, de former $(x - a)(x - b)$ et $(x - c)(x - d)$, puis de les multiplier entre eux pour obtenir $(x - a)(x - b)(x - c)(x - d)$ en $2 = l(4)$ multiplications.

Pour $d = 8$, les polynômes de la forme $(x^2 - a^2)(x^2 - b^2)(x^2 - c^2)(x^2 - d^2)$, a, b, c, d entiers positifs disctincts peuvent être obtenus à l'aide de 8-gems.

D'une part, $\pm a, \pm b, \pm c, \pm d$ sont des racines entières distinctes.

D'autre part, pour générer

$$(x^2 - a^2)(x^2 - b^2) = x^4 - (a^2 + b^2)x^2 + a^2 b^2 \text{ et } (x^2 - c^2)(x^2 - d^2),$$

il suffit de générer en deux multiplications x^2 et x^4. Ensuite pour obtenir le polynôme

$$(x^2 - a^2)(x^2 - b^2)(x^2 - c^2)(x^2 - d^2),$$

il suffit de multiplier

$$(x^2 - a^2)(x^2 - b^2) \text{ et } (x^2 - c^2)(x^2 - d^2).$$

On aura ainsi utilisé $3 = l(8)$ multiplications.

Le degré $d = 16$ a été plus délicat à traiter vu que 16 est une puissance de 2, donc $l_2(16)$ est petit, en conséquence, on a moins de latitude dans la construction de polynômes qui devraient avoir seulement 4 multiplications mais 16 racines différentes et entières. Une première tentative a été d'obtenir certaines considérations théoriques, de les implanter et d'utiliser le language de programmation C++ et la grappe d'ordinateurs du DIRO afin d'obtenir des polynômes qui peuvent être obtenus à l'aide de 16-gems (en fait, on visait les 32-gems). Mais en pensant à des conditions suffisantes (au lieu de s'attarder sur les conditions nécessaires), on a abouti à la famille infinie de polynôme ci-dessous :

Pour $d = 16$, les polynômes de la forme

$$(x^2 - a^2)(x^2 - b^2)(x^2 - c^2)(x^2 - d^2)(x^2 - e^2)(x^2 - f^2)(x^2 - g^2)(x^2 - h^2),$$

a, b, c, d, e, f, g, h entiers positifs distincts tels que

$$a^2 + b^2 + c^2 + d^2 = e^2 + f^2 + g^2 + h^2$$

peuvent être obtenus à l'aide de 16-gems.

En effet,

$$(x^2 - a^2)(x^2 - b^2)(x^2 - c^2)(x^2 - d^2) = x^8 - (a^2 + b^2 + c^2 + d^2)x^6 + k_1 x^4 + k_2 x^2 + k_3,$$

k_1, k_2, k_3 entiers, et

$$(x^2 - e^2)(x^2 - f^2)(x^2 - g^2)(x^2 - h^2) = x^8 - (a^2 + b^2 + c^2 + d^2)x^6 + k_1' x^4 + k_2' x^2 + k_3',$$

k_1', k_2', k_3' entiers. Ainsi, il suffit de générer en 2 multiplications x^2, x^4, d'obtenir

$$(x^2 - a^2)(x^2 - b^2) \text{ et } (x^2 - c^2)(x^2 - d^2),$$

de les multiplier entre eux, puis d'obtenir

$$(x^2 - e^2)(x^2 - f^2)(x^2 - g^2)(x^2 - h^2)$$

en utilisant x^4 et x^2 déjà générés. Enfin, on multiplie

$$(x^2 - a^2)(x^2 - b^2)(x^2 - c^2)(x^2 - d^2) \text{ et } (x^2 - e^2)(x^2 - f^2)(x^2 - g^2)(x^2 - h^2).$$

On aura utilisé $4 = l(16)$ multiplications.

Remarque 3.1.3. On aurait pu dégager la famille de polynômes que l'on peut obtenir à partir de 16-gems de l'article [Bre08] de Bremner dans lequel il recourt à la manipulation technique d'équations avec des considérations algébriques. Par ailleurs, on retrouve des exemples de 16-gems en [BMR09].

Pour $d = 18$, il suffit de prendre un polynôme de degré 16 obtenu comme précédemment et de le multiplier par $x^2 - i^2$, i positif $\neq a,b,c,d,e,f,g,h$. On aura utilisé $5 = l(18)$ multiplications.

Pour $d = 20$, il suffit de prendre un polynôme de degré 16 obtenu comme précédemment et de le multiplier par

$$x^4 - (i^2 + j^2)x^2 + i^2 j^2,$$

i,j positifs distincts $\neq a,b,c,d,e,f,g,h$. On aura utilisé $5 = l(20)$ multiplications.

Pour $d = 22$, il suffit de prendre un polynôme de degré 20 obtenu comme précédemment et de le multiplier par

$$x^2 - k^2,$$

k positif $\neq a,b,c,d,e,f,g,h,i,j$. On aura utilisé $6 = l(22)$ multiplications.

Pour $d = 24$, il suffit de prendre un polynôme de degré 16 obtenu comme précédemment et de le multiplier par

$$(x^2 - i^2)(x^2 - j^2)(x^2 - k^2)(x^2 - l^2),$$

i,j,k,l entiers positifs distincts et distincts de a,b,c,d,e,f,g,h, tel que

$$i^2 + j^2 + k^2 + l^2 = a^2 + b^2 + c^2 + d^2.$$

On aura utilisé $5 = l(24)$ multiplications.

Pour $d = 26$, il suffit de prendre un un polynôme de degré 24 obtenu comme précédemment et de le multiplier par

$$x^2 - m^2,$$

m entier positif différent de a,b,c,d,e,f,g,h,i,j,k,l. On aura utilisé $6 = l(26)$ multiplications.

Pour $d = 28$, il suffit de prendre un un polynôme de degré 24 obtenu comme précédemment et de le multiplier par

$$(x^2 - m^2)(x^2 - n^2),$$

m,n entiers positifs distincts différents de a,b,c,d,e,f,g,h,i,j,k,l. On aura utilisé $6 = l(28)$ multiplications.

Pour $d = 30$, il suffit de prendre un un polynôme de degré 24 obtenu comme précédemment et de le multiplier par

$$(x^2 - m^2)(x^2 - n^2)(x^2 - o^2)(x^2 - p^2),$$

m,n entiers positifs distincts différents de a,b,c,d,e,f,g,h,i,j,k,l tels que

$$m^2 + n^2 + o^2 + p^2 = a^2 + b^2 + c^2 + d^2.$$

On aura utilisé $6 = l(30)$ multiplications.

Remarque 3.1.4. Il est facile de trouver des entiers a,b,c,d,e,f,g,h tels que :

$$a^2 + b^2 + c^2 + d^2 = e^2 + f^2 + g^2 + h^2.$$

En effet, il suffit de choisir un entier n qui s'écrit de manières différentes comme somme de deux carrés ($n = a^2 + b^2 = c^2 + d^2 = e^2 + f^2 = g^2 + h^2$). Pour cela, il suffit d'utiliser le théorème des deux carrés : Soit n entier supérieur à 1. Soit $d_1(n)$ le nombre de diviseurs de n congrus à 1 mod 4, et $d_3(n)$ le nombre de diviseurs de n congrus à 3 mod 4. Alors on peut écrire n comme la somme de deux carrés parfaits de

$$4(d_1(n) - d_3(n))$$

manières différentes si l'on prend en considération l'ordre des deux carrés, et le signe des éléments qui sont au carré [HW38].

Expliciter un polynôme qui peut être obtenu à l'aide d'un 32-gem semble plus difficile à accomplir sur $\mathbf{Z}$. Nous obtenons des conditions techniques (très techniques) nécessaires sur lesquelles on ne s'attardera pas, mais des conditions techniques similaires sont obtenues en [BMR09] que l'on peut retrouver sous le nom de "litter conditions".

Par contre, si l'on considère $A = \mathbf{Z}\left[e^{\frac{2i\pi}{n}}\right]$ pour certains n, on peut aller plus loin.

Exemple 3.1.5. Dans $A = \mathbf{Z}\left[e^{\frac{i\pi}{4}}\right]$, les polynômes de la forme

$$(x^{16} - (a^8 + b^8)x^8 + a^8 b^8)(x^{16} - (c^8 + d^8)x^8 + c^8 d^8),$$

a, b, c, d entiers positifs distincts, peuvent être obtenus à l'aide de 32-gems.
En effet, d'une part, il suffit de générer x^2, x^4, x^8, x^{16}, en 4 multiplications, puis d'obtenir

$$(x^{16} - (a^8 + b^8)x^8 + a^8 b^8) \text{ et } (x^{16} - (c^8 + d^8)x^8 + c^8 d^8)$$

et de les multiplier entre eux. Ainsi, on aura utilisé $5 = l(32)$ multiplications.
D'autre part,

$$(x^{16} - (a^8 + b^8)x^8 + a^8 b^8)(x^{16} - (c^8 + d^8)x^8 + c^8 d^8) = (x^8 - a^8)(x^8 - b^8)(x^8 - c^8)(x^8 - d^8),$$

$$\text{et } (x^8 - a^8) = (x^4 + a^4)(x^4 - a^4) = (x^2 - ia^2)(x^2 + a^2)(x^2 + a^2 i)(x^2 - a^2)$$

58

et a donc les racines

$$\pm a e^{\frac{i\pi}{4}}, \pm a e^{\frac{i\pi}{2}}, \pm a e^{\frac{3i\pi}{4}}, \pm a.$$

Ainsi, les racines du polynôme de degré 32 sont toutes distinctes et dans A.

Exemple 3.1.6. Dans $A = \mathbf{Z}\left[e^{\frac{2i\pi}{3}}\right]$, $(x^6 - a^6)$ a les racines

$$\pm a * \{1, e^{\frac{2i\pi}{3}}, e^{\frac{4i\pi}{3}}\}.$$

En exploitant les mêmes idées que précédemment, on peut expliciter des familles de polynômes de degré $d = 12, 24, 30, 36, 42, 48, 54$ qui peuvent être obtenus à l'aide de d-gems.

Exemple 3.1.7. Dans $A = \mathbf{Z}\left[e^{\frac{i\pi}{2}}\right]$, $(x^4 - a^4)$ a les racines $\pm a, \pm ai$, distinctes et dans A. Soient a, b, c, d, e, f, g, h des entiers positifs distincts tels que $a^4 + b^4 + c^4 + d^4 = e^4 + f^4 + g^4 + h^4$. Par les mêmes idées précédentes, on peut obtenir un polynôme de degré 32 représentable par un 32-gem en formant d'abord x^2, x^4, x^8, en obtenant ensuite

$$x^8 - (a^4 + b^4)x^4 + a^4 b^4 \text{ et } x^8 - (c^4 + d^4)x^4 + c^4 d^4$$

que l'on multiplie ensemble pour avoir

$$x^{16} - (a^4 + b^4 + c^4 + d^4)x^{12} + k_1 x^8 + k_2 x^4 + k_3,$$

k_1, k_2, k_3 dans A. On peut alors former

$$(x^8 - (e^4 + f^4)x^4 + e^4 f^4)(x^8 - (g^4 + h^4)x^4 + g^4 h^4)$$

que l'on multiplie avec

$$x^{16} - (a^4 + b^4 + c^4 + d^4)x^{12} + k_1 x^8 + k_2 x^4 + k_3,$$

k_1, k_2, k_3. Ainsi, on aura utilisé $5 = l(32)$ multiplications.

3.2 Annulation du degré

Etant donné un circuit arithmétique qui représente un polynôme de degré d, il suffit de reproduire les exposants du monôme de plus grand degré de chaque porte multiplicative et d'ordonner le tout pour obtenir une chaîne additive pour d à moins qu'à l'une des portes (additives) du circuit, il y ait eu annulation de degré.

A défaut d'expliciter un cas où le recours à l'annulation est nécessaire pour minimiser le nombre de multiplications dans le modèle où seule la multiplication compte, on s'intéresse à ce phénomène dans un modèle différent.

Définition 3.2.1. Le degré sémantique d'une porte de calcul d'un circuit arithmétique est le degré algébrique du polynôme calculé par cette porte. [Tav09]

Définition 3.2.2. Le degré syntaxique d'une porte de calcul est défini comme : le degré syntaxique d'une constante est 0, celui d'une variable est 1. Sinon, s'il s'agit d'une porte $+$, le degré syntaxique est le maximum des degrés syntaxiques des polynômes entrants, s'il s'agit d'une porte $*$, le degré syntaxique est la somme des degrés syntaxiques des polynômes entrants. [Tav09]

Theorem 3.2.3. *Soit $d \geq 7$. Tout circuit calculant $P_d(x) = (x+1)^{d+1} - x^{d+1}$ sur $\mathbf{C}$ dans le modèle de multiplication libre n'utilisant que deux additions a nécessairement une porte de degré syntaxique $\geq d+1$.*

La preuve utilise l'identité binômiale, le fait que $\dfrac{N}{D} < \dfrac{N-1}{D-1}$, i.e, $N(D-1) < (N-1)D$ lorsque $N > D$, et vice-versa lorsque $N < D$, et une idée inspirée de [Tav09] : $P_d(x)$ ne peut pas avoir de racines multiples.

Démonstration.

$$(x+1)^{d+1} - x^{d+1} = \sum_{j=0}^{d+1} \binom{d+1}{j} x^j - x^{d+1} = \sum_{j=0}^{d} \binom{d+1}{j} x^j \qquad (3.1)$$

Si on utilise 2 additions seulement, les seules possibilités de sorties sont :

$$c_0 x^{m_0} (c_1 x^{m_1} + c_2 x^{m_2})^m + c_3 x^{m_3} \tag{3.2}$$

et

$$c_0 x^{m_0} (c_1 x^{m_1} + c_2 x^{m_2})^m + c_3 x^{m_3} (c_1 x^{m_1} + c_2 x^{m_2})^n. \tag{3.3}$$

Mais si l'on compare 3.1 (que l'on ne peut pas factoriser par x) et 3.2, $m_3 \neq 0$ implique $m_0 = 0$ et $m_1 = 0$ (sans perte de généralité). On obtient donc une expression de la forme $(a + bx^c)^{d'} + kx^{d''''}$.

D'autre part, $d \geq 7$ implique $m > 1$ (sinon on a moins de trois termes en 3.2), et $m_3 = 0$ implique $m_1 = 0$ sans perte de généralité (sinon la plus petite puissance non nulle de x est strictement supérieure à 1). On obtiendrait alors une expression de la forme $k(a + bx^c)^{d''} x^{d''''} + c$.

Et si l'on compare 3.1 (que l'on ne peut pas factoriser par x) et 3.3 en supposant sans perte de généralité que $m_0 \leq m_3$, on déduit que $m_0 = 0$ et $m_1 = 0$ (sans perte de généralité). On obtient donc une expression de la forme $(a + bx^c)^{d'} + k(a + bx^c)^{d''} x^{d''''}$ avec k rationnel.

On peut donc sans perte de généralité adopter la forme

$$(a + bx^c)^{d'} + k(a + bx^c)^{d''} x^{d''''}. \tag{3.4}$$

Dans 3.4, la plus petite puissance non nulle de x est x^c, en comparant avec 3.1 on obtient $c = 1$ et 3.4 a la forme

$$(a + bx)^{d'} + k(a + bx)^{d''} x^{d''''}$$

où $(d' = d$ et $d'' + d''' \leq d)$ ou $(d'' + d''' = d$ et $d' \leq d)$.

Pour montrer que l'énoncé du théorème est valide sur $\mathbf{R}$, il suffit de prouver qu'on ne peut pas avoir $d' = 0$ ou $d'' = 0$ d'une part (en utilisant l'identité binômiale comme on le fera plus bas), et d'autre part que $-\frac{a}{b}$ réel ne peut pas être solution de

$$P_d(x) = (x+1)^{d+1} - x^{d+1}.$$

Mais pour justifier le théorème sur **C**, on élaborera un peu plus : on montrera qu'on ne peut pas avoir $d' = 1$ ou $d'' = 1$ non plus, mais alors, $-\frac{a}{b}$ est une racine multiple de $P_d(x)$.

Cas 1 : $d' = 0$ ou $d'' = 0$.

3.4 se réduit alors à

$$(a+bx)^{d-i}x^m + cx^j = \sum_{l=0}^{d-i}\binom{d-i}{l}a^l b^{d-i-l}x^{m+l} + cx^j = 3.1,$$

$j, m, i \geq 0$. Donc pour $l + m = 0, \cdots, j-1, j+1, \cdots, d-i$ (si $j = 0$, la liste commence à 1), on a :

$$\frac{(d-i)!}{(d-i-l)!l!} = \frac{(d+1)!}{(d+1-l-m)!(l+m)!}.$$

Soit

$$Q(l) = \frac{(d-i)!(d+1-l-m)!(l+m)!}{(d-i-l)!l!(d+1)!}.$$

$Q(l) = 1$ pour l tel que $l + m = 0, \cdots, j-1, j+1, \cdots, d-i$ (si $j = 0$, la liste commence à 1). En conséquence,

$$\frac{Q(l+1)}{Q(l)} = \frac{(d-i-l)(m+l+1)}{(d+1-l-m)(l+1)} = 1,$$

pour l tel que $l + m = 0, \cdots, j-2, j+1, \cdots, d-i-1$ (si $j = 0, 1$, la liste commence respectivement à 1,2).

Lorsque $d' = 0$, $j = 0$ donc $m = i$ et $\dfrac{d-i-l}{d+1-l-i}$ diminue lorsque l augmente car le numérateur est strictement inférieur au dénominateur et en passant de l à $l+1$ on retranche 1 du numérateur et du dénominateur.

De plus, $\dfrac{l+i+1}{l+1}$ diminue lorsque l augmente car le numérateur est strictement supérieur au dénominateur et en passant de l à $l+1$, on ajoute 1 au numérateur et au dénominateur.

D'autre part, lorsque $d'' = 0$, $m = 0$ et $\dfrac{d-i-l}{d+1-l}$ diminue lorsque l augmente car le dénominateur est strictement supérieur au numérateur et en passant de l à $l+1$ on retranche 1 au numérateur et au dénominateur.

Dans les deux cas, le quotient diminue lorsque l augmente et n'est donc pas constant. $d \geq 6$ guarantit d'avoir deux rapports successifs qui doivent égaler 1, on a une contradiction.

Cas 2 : $d' = 1$ ou $d'' = 1$.

3.4 se réduit alors à

$$(a+bx)^{d-i}x^m + cx^j(a+bx).$$

On raisonne comme dans le cas 1, la seule différence étant que $l+m$ parcourt les entiers positifs jusqu'à $d-i$ à l'exception de j et $j+1$. Mais alors, $d \geq 7$ guarantit d'avoir deux rapports successifs qui doivent égaler 1.

Cas 3 : $d' > 1, d'' > 1$.

On peut factoriser 3.4 par $(a+bx)^2$, et $-\frac{a}{b}$ est une racine (au moins) double de $P_d(x)$ ($b \neq 0$ car $P_d(x)$ a plus d'un terme).

Mais

$$P'_d(x) = (d+1)(x+1)^d - (d+1)x^d,$$

et $P_d(x) = P'_d(x) = 0$ implique $x+1 = x$, contradiction.

$\square$

Remarque 3.2.4. Ce résultat est obtenu pour $d = 2^k$ en [Tav09] avec une preuve algébrique légèrement différente.

3.3 Conjecture de Strassen.

Dans cette section, on aborde la conjecture de Strassen. En particulier, nous simplifions des résultats qui établissent la conjecture de Strassen pour certaines familles de degré, et nous étendons la conjecture à une nouvelle famille de degré, et nous en tirons quelques conséquences.

La conjecture de Strassen stipule que tout polynôme de degré d requiert au moins $l(d)$ portes multiplicatives lorsque représenté par un circuit arithmétique. S'il y a un contre-exemple à la conjecture, alors le phénomène d'annulation du degré s'impose dans le circuit contre-exemple.

En effet, supposons qu'il existe un polynôme de degré d pouvant être représenté par un circuit arithmérique avec strictement moins de $l(d)$ portes multiplicatives. Alors, il existe une porte additive ($+$ ou $-$) telle que pour cette porte-là le degré syntaxique est strictement plus grand que le degré sémantique. Sinon, il suffit de mimer l'évolution du plus grand exposant par une chaîne additive où lorsque l'on multiplie deux polynômes dans le circuit, on additionne l'exposant du monôme de plus haut degré de l'un à l'exposant du monôme de plus haut degré de l'autre dans la chaîne additive. Et on aurait une contradiction.

Théorème 3.3.1. *Si $d > 2^{l_2(d)-4}$, alors tout circuit arithmétique représentant un polynôme $f(x) \in \mathbf{Z}[x]$ de degré d requiert au moins $l_2(d)$ portes multiplicatives.*

Démonstration. $d > 2^{l_2(d)-4}$, i.e, $\log d > l_2(d) - 4$, i.e, $\log d + 4 > l_2(d)$,
i.e, $\lfloor \log d \rfloor + 4 \geq l_2(d) \geq \lceil \log d \rceil$.

Soit $f(x) \in \mathbf{Z}[x]$ de degré d. S'il existe un circuit arithmétique représentant $f(x)$ avec moins de $l_2(d)$ portes multiplicatives, alors pour l'une des portes additives du circuit, on a une annulation du degré des pôlynomes entrants.

On considère le circuit pour lequel l'annulation du degré (pour le degré le plus petit) survient pour le plus petit degré possible.

Dans ce qui suit, deux polynômes $p(x)$ et $q(x)$ obtenus dans le circuit arithmétique sont dits *similaires* si

$$p(x) = c_0 q(x) + \sum_{j=1}^{l} c_j p_j(x)$$

où l, c_j, $0 \leq j \leq l$ sont entiers et $p_j(x)$, $1 \leq j \leq l$ sont des polynômes obtenus dans le circuit arithmétique avec $\deg(p_l(x)) < \deg(p(x))$.

Il est essentiel de remarquer que lorsque deux polynômes de même degré ne sont pas similaires, ils ne peuvent pas avoir été obtenus à partir des polynômes de degré inférieur à l'aide d'une seule multiplication.

Soit i le degré du polynôme $p(x)$ obtenu à l'issue de l'annulation du degré de $q_1(x)$ et $q_2(x)$ dans le circuit. Le degré i a donc été dépassé de deux manières différentes, ce qui exige deux multiplications au moins. En effet, $q_1(x)$ et $q_2(x)$ ne sont pas similaires sinon l'annulation est facultative. Aussi, $i < $ degré de $q_1(x)$.

Ensuite, pour se rapprocher de d le plus vite possible, on met au carré à chaque étape, sauf pour une seule. Cette étape où on ne double pas est nécessaire car à l'étape d'annulation, on n'a pas doublé le degré, alors que c'est seulement lorsqu'on double le degré à chaque étape qu'on peut se contenter de $\lfloor \log d \rfloor$ étapes.

Atteindre d exige au moins $\lfloor \log d \rfloor$ multiplications. On a en plus explicité une étape à laquelle deux multiplications supplémentaires sont nécessaires alors qu'elles ne permettent pas un doublement. Ceci nous a permis d'expliciter une étape supplémentaire où doubler est impossible, le circuit comprend donc au moins $\lfloor \log d \rfloor + 3$ multiplications.

Pour montrer qu'au moins $\lfloor \log d \rfloor + 4$ multiplications sont nécessaires, on élaborera un peu plus.

Soit $i = 2^{e_1} + \cdots + 2^{e_m}$, $e_1 > \cdots > e_m$.

Si $q_1(x)$ est obtenu à partir d'un polynôme de degré $> 2^{e_1}$, alors avant de former $q_1(x)$ et $q_2(x)$ on avait au moins $e_1 + 1$ multiplications, la formation de $q_1(x)$ et $q_2(x)$ exige deux multiplications supplémentaires et en doublant à partir de i (sauf pour la dernière étape), on aura besoin de $\lfloor \log d \rfloor - e_1 + 1$ multiplications, on aurait ainsi au total $\lfloor \log d \rfloor + 4$ multiplications.

Si $q_1(x)$ est obtenu à partir d'un polynôme de degré $\leq 2^{e_1}$, (il est évidemment obtenu à partir d'un polynôme de degré $> \frac{i}{2}$), on considère les polynômes de degré d tel que $2^{e_1-1} < d \leq 2^{e_1}$ obtenus par le circuit arithmétique.

S'il y en a plus d'un (on compte une seule fois des polynômes similaires), cela veut dire qu'on a utilisé strictement plus de e_1 multiplications avant de former $q_1(x)$ et $q_2(x)$. En faisant le même raisonnement que plus haut, on aboutit à un total de $\lfloor \log d \rfloor + 4$ multiplications.

Si on n'est pas dans les deux cas précédents, les deux polynômes $q_1(x)$ et $q_2(x)$ sont obtenus à partir du seul polynôme $p_0(x)$ (ou un polynôme qui lui est similaire) de degré d, $2^{e_1-1} < d \leq 2^{e_1}$. Pour qu'ils aient le même degré, $q_1(x)$ et $q_2(x)$ multiplient $p_0(x)$ (ou un polynôme qui lui est similaire) par un même polynôme $p_1(x)$ (ou un polynôme qui lui est similaire) de degré inférieur ou égal à celui de $p_0(x)$, sinon cela voudra dire qu'il y a au moins deux polynômes de degré degré$(p_1(x))$ obtenus différemment, i.e avec deux multiplications, ce qui mène comme plus haut à $\lfloor \log d \rfloor + 4$ multiplications. Mais alors pour avoir une annulation des plus grands degrés de $p_0(x)p_1(x)$, il faut que $q_1(x)$ et $q_2(x)$ aient les mêmes coefficients, mais alors $q_1(x)$ et $q_2(x)$ s'annulent; il ne peut rester que les combinaisons linéaires ajoutées multipliées par $p_0(x)$ ou $p_1(x)$, et l'annulation de degré degré$(p_0(x))$ + degré$(p_1(x))$ aurait pu être remplacée par une annulation de degré strictement inférieur. Cela contredit le choix du circuit. $\qquad\square$

Corollaire 3.3.2. *Pour $d = 2^A$, $d = 2^A + 2^B$, $d = 2^A + 2^B + 2^C$, $d = 2^A + 2^B + 2^C + 2^D$, et $d = 2^A + 2^B + 2^C + 2^D + 2^E$, $A \geq B \geq C \geq D \geq E \geq 1$ la conjecture de Strassen tient.*

Démonstration. Il est suffisant de remarquer que x^d, $\mu_2(d) \leq 4$ peut être généré avec $\lfloor \log d \rfloor + 4$ multiplications comme suit :

$$1, x, x^2, \cdots, x^{2^A}, x^{2^A+2^B}, x^{2^A+2^B+2^C}, x^{2^A+2^B+2^C+2^D}, x^{2^A+2^B+2^C+2^D+2^E}.$$

Plus précisément,

Cas 1 : $d = 2^A, A \geq 1$ alors $l_2(d) = \log d$.

Cas 2 : $d = 2^A + 2^B, A > B \geq 1$ alors $l_2(d) = \lfloor \log d \rfloor + 1$.

Cas 3 : $d = 2^A + 2^B + 2^C, A > B > C \geq 1$, ou $d = 2^A + 2^B + 2^C + 2^D, A > B > C > D \geq 1$
avec $A - B = C - D$ ou $A - B = C - D + 1$ ou $(A - B = 3$ et $C - D = 1)$ ou $(A - B = 5$, et
$B - C = C - D = 1)$ alors $l_2(d) = \lfloor \log d \rfloor + 2$. [Knu73]

Cas 4 : $d = 2^A + 2^B + 2^C + 2^D, A > B > C > D \geq 1$ et ne satisfaisant pas le cas 3, alors
$l_2(d) = \lfloor \log d \rfloor + 3$. [Knu73] $\square$

Remarque 3.3.3. De manière plus générale, si $d > g^{l_g(d)-3}$, alors tout circuit arithmétique de degré entrant g représentant un polynôme $f(x) \in \mathbf{Z}[x]$ de degré d requiert au moins $l_g(d)$ portes multiplicatives.

Remarque 3.3.4. La preuve pour $d > 2^{l(d)-3}$ est obtenue différemment en [BMR09] avec des outils algébriques et techniques. Etendre la preuve à $d > 2^{l(d)-4}$ nous permet de conclure que la conjecture de Strassen est valide pour les degrés d pour lesquels $\mu_2(d) = 4$.

Vu les résultats de Paterson et Stockmeyer qui montrent que la plupart des polynômes de degré d exigent $\sqrt{d}$ multiplications, et comme $l_2(d) \leq 2 \lg d$, la conjecture de Strassen est vraie pour la plupart des polynômes asymptotiquement. Par ailleurs, elle est vraie pour tous les degrés qui en binaire s'écrivent avec au plus 4 coefficients non nuls. Est-elle vraie de manière générale ? Si oui, y a-t-il pourtant des polynômes dont la représentation optimale comporte une annulation du degré ? Si oui, quelle est la densité de ces polynômes ? Peut-on les classifier ?

Au début de ce chapitre, on s'est intéressé au nombre minimal de multiplications nécessaires à la représentation de polynômes quelconques, ensuite on a considéré la construction de familles infinies de polynômes très efficacement représentables, avec seulement $l_2(d)$ multiplications. Puis on a étudié le phénomène d'annulation du degré dans un modèle différent du nôtre afin de motiver la difficulté à écarter la possibilité de l'intervention de ce phénomène dans notre modèle. Finalement, on a abordé la conjecture de Strassen, et nous l'avons validée pour certaines familles (infinies) de degrés. Si la conjecture s'avérait vraie, $l_2(d)$ serait une borne inférieure générale optimale (en termes de $l_2(d)$) au nombre de multiplications (non scalaires) nécessaires pour représenter un polynôme de degré d. En effet, la borne inférieure $l_2(d)$ est atteinte pour tous les monômes de degré d et notamment par les polynômes de degré d explicités plus haut que l'on peut représenter par des d-gems. En conséquence, on aurait une caractérisation de l'efficacité maximale en fonction de $l_2(d)$.

68

CHAPITRE 4

CONCLUSION

4.1 Bilan

Tout d'abord, on a étudié certains aspects des g-chaînes additives généralisées qui fournissent une manière efficace d'évaluer un monôme. En particulier, on a abordé différentes manières de générer une g-chaîne additive, on a explicité des bornes inférieures et supérieures sur la longueur d'une g-chaîne additive minimale et on a illustré son comportement asymptotique. On a aussi utilisé la classification des étapes d'une g-chaîne additive ainsi que le suivi des puissances de g pour montrer qu'une g-chaîne additive étoile n'est pas nécessairement optimale, et pour aborder la conjecture de Scholz-Brauer. Comme le dit Knuth à la page 458 de [Knu73], il est imprudent de prendre pour acquis des propriétés des g-chaînes additives qui sembleraient naturelles, en conséquence, nombreuses questions restent ouvertes dont la conjecture de Scholz-Brauer, des questions sur une borne supérieure générale, la possibilité d'exprimer $l_g(n)$ de manière plus ou moins explicite, etc.

Ensuite, on a considéré des polynômes qui peuvent être évalués de manière efficace (les d-gems). Ostrowski et Pan ont montré que la règle de Horner qui consiste à évaluer un polynôme général (sans faire du préconditionnement des coefficients à l'avance ou profiter de la structure algébrique des coefficients) de degré d comme

$$(((a_d x + a_{d-1})x + a_{d-2})x + ...)x + a_0$$

avec d multiplications et d additions est optimale [BM75]. Par contre, seules $l(d)$ multiplications étaient nécessaires pour les d-gems. Il serait intéressant de découvrir des 32-gem sur $\mathbb{Z}$, et des d-gems avec des racines uniformément distribuées en vue de la factorisation (cf. Introduction) ; ceux trouvés plus haut viennent en paires $\pm a$ et obéissent à certaines propriétés particulières.

Après avoir étudié la représentation de monômes (chaînes additives) et celle de polynômes faciles à évaluer par un circuit arithmétique, on s'est intéressé à la représentation de polynômes plus généraux et au lien avec la représentation de leur monôme de plus haut degré. La particularité du modèle du circuit arithmétique consiste en la possibilité de bénéficier d'annulations du degré pour une représentation optimale. Lorsqu'on s'intéresse seulement aux additions en négligeant les multiplications, l'exemple de $P_d(x) = (x+1)^{d+1} - x^{d+1}$ sur $\mathbb{R}$ ou $\mathbb{C}$ étaye cette particularité. Par contre, dans le modèle où on compte le nombre de portes multiplicatives seulement, la conjecture de Strassen stipule que si l'annulation du degré pourrait contribuer à optimiser la représentation de polynômes, elle ne permettrait pas pour autant d'aller en-deça de $l(d)$. Idéalement, on caractériserait les modèles et les familles de polynômes dans chaque modèle pour lesquelles l'annulation du degré est bénéfique.

Des pistes de recherche qu'il serait instructif d'aborder consisteraient d'une part en la recherche d'un polynôme dont la représentation optimale (avec le moins de portes multiplicatives) en circuit arithmétique nécessite une porte d'annulation du degré, d'autre part en la classification de ce genre de polynômes (est-ce qu'il y en a qui apporteraient des contre-exemples à la conjecture de Strassen ? sinon pourquoi ?).

4.2 Perspective

Les chaînes additives, en particulier, les 2-chaînes additives peuvent aussi être représentées à l'aide de multigraphes [Knu73], ce qui permet de mettre à l'usage les connaissances qu'on a en théorie des graphes. En effet, une chaîne additive correspond à un graphe dirigé avec une racine 1 de degré entrant 0, où les noeuds portent des étiquettes

a_i, $0 \leq i \leq r$ et où pour toute étape $a_i = a_{u_1} + a_{u_2}$, on ajoute une arc (orienté) de a_{u_1} à a_i et un autre de a_{u_2} à a_i, (s'il y a plusieurs possibilités d'écriture pour a_i, on en choisit une). On peut éliminer tout noeud a_i, $0 \leq i \leq r-1$, de degré sortant 0 (car inutile dans la chaîne additive).

Réciproquement, tout graphe dirigé acyclique avec une racine et une source où les noeuds ont degré entrant 2 peut représenter une chaîne additive.

La longueur de la chaîne additive est : nombre d'arcs − nombre de noeuds + 1 (*). Par ailleurs, l'étiquette de chaque noeud représente le nombre de chemins orientés de la racine 1 à ce noeud-là, propriété très intéressante de ce graphe qu'a relevée N. Pippenger [Pip80]. Ainsi, trouver une 2-chaîne additive optimale pour n revient à minimiser (*) sur les graphes dirigés avec une racine, une source, des noeuds de degré entrant 2 et exactement n chemins orientés de la racine à la source. En particulier, si on élimine les noeuds du graphe de degré sortant 1 en reliant le point de départ de l'arc entrant avec le point d'arrivée de l'arc sortant, changer le sens des flèches en étiquettant chaque noeud a_i par le nombre de chemin de la nouvelle racine $a_r = 1$ à a_i produit une chaîne additive "duale" avec les mêmes propriétés.

De manière plus générale, on pourrait penser à représenter les g-chaînes additives par des multigraphes construits de manière analogue. Mais la définition que l'on a donnée d'une étape d'une g-chaîne additive $a_i = a_{u_1} + \cdots + a_{u_m}$, $1 \leq m \leq g$, laisse beaucoup de latitude pour m, et ne nous permet pas de dériver une formule comme

$$\text{nombre d'arcs} - (g-1) * \text{nombre de noeuds} + 1.$$

Par contre, si on fixe m à g, la formule serait vraie.

La représentation de polynômes est d'autant plus cruciale que le recours à cette représentation est fréquent. En effet, les approximations de fonctions grâce aux séries de Taylor et de Laurent, etc, étendent le champ d'application d'une représentation efficace des polynômes. Dans cet esprit, Knuth [Knu73] aborde les chaînes dites "polynomiales". Une chaîne polynomiale est une séquence

$$\lambda_0 = x, \lambda_1, \cdots, \lambda_r = u(x)$$

où $u(x)$ est un polynôme en x, et où pour tout $1 \leq i \leq r$,

$$\lambda_i = (\pm \lambda_j) * \lambda_k, \ 0 \leq j, k < i,$$

ou

$$\lambda_i = \alpha_j * \lambda_k, \ 0 \leq k < i \ \text{avec} * \in \{+, -, x\}.$$

α_j est appelé "paramètre". Le polynôme $u(x)$ a la forme

$$u(x) = q_n x^n + \cdots + q_1 x + q_0$$

où $q_n, \cdots, q_0$ sont des polynômes en $\alpha_1, \cdots, \alpha_s$ avec coefficients entiers.

Dans ce qui suit, on caractérise les degrés de liberté de $u(x)$. Soit R l'ensemble des valeurs que prennent $(q_n, \cdots, q_0)$ lorsque $\alpha_1, \cdots, \alpha_s$ prennent indépendamment toutes les valeurs possibles dans $\mathbb{R}$. Si pour tout choix de $t + 1$ entiers $j_0, \cdots, j_t \in \{0, \cdots, n\}$, il existe un polynôme non nul multivarié $f_{j_0 \cdots j_t}$ avec coefficients entiers tel que

$$f_{j_0 \cdots j_t}(q_{j_0}, \cdots, q_{j_t}) = 0$$

pour tout $(q_n, \cdots, q_0)$ dans R, alors on dit que R a au plus t degrés de liberté.

En particulier, l'études des chaînes polynomiales permet de voir qu'une chaîne polynomiale avec n degrés de liberté ne peut pas représenter tous les polynômes. De même, une chaîne polynomiale avec s paramètres a au plus s degrés de liberté, et une chaîne polynomiale avec $m > 0$ multiplications a au plus $2m$ degrés de liberté [Mot69, Knu73]. On pourrait penser à généraliser les chaînes polynomiales, de manière à prendre en considération des circuits arithmétiques dont les noeuds sont de degré entrant supérieur à 2, comme nous l'avons fait pour les chaînes additives.

BIBLIOGRAPHIE

[AV08] Manindra Agrawal and V Vinay. Arithmetic circuits: A chasm at depth four. *49th annual symposium on foundations of computer science*, 2008.

[BBB94] F. Bergeron, J. Berstel, and S. Brlek. Efficient computation of addition chains. *Journal de Théorie des Nombres de Bordeaux*, 6(1):21–38, 1994.

[BCSS98] Lenore Blum, Felipe Cucker, Michael Shub, and Steve Smale. *Complexity and Real Computation*. Springer-Verlag, 1998.

[BM75] A. Borodin and I. Munro. *The Computational Complexity of Algebraic and Numeric Problems*. American Elsevier Publishing Company, Inc., 1975.

[BMR09] Bernd Borchert, Pierre McKenzie, and Klaus Reinhardt. Few product gates but many zeros. In *Mathematical Foundations of Computer Science 2009*, number 5734, pages 162–174, 2009. Lecture notes in computer science.

[BN02] Hatem M. Bahig and Ken Nakamula. Some properties of nonstar steps in addition chains and new cases where the scholz conjecture is true. *Journal of Algorithms*, 42:304–316, 2002.

[Bra39] Alfred Brauer. On addition chains. *Bull. Amer. Math. Soc.*, 45:736–739, 1939.

[Bre08] Andrew Bremner. When can $(((x^2 - p)^2 - q)^2 - r)^2 - s^2$ split into linear factors? *Experimental Mathematics*, 17:4:385, 2008.

[BRS93] A. Borodin, A. Razborov, and R. Smolensky. On lower bounds for read-k-times branching programs. *Comput. Complexity*, 3(1):1–18, 1993.

[BS83] W. Bauer and V. Strassen. The complexity of partial derivatives. *Theoretical computer science*, 22:317–330, 1983.

76

[BSS89] Blum, Shub, and Smale. On a theory of computing and complexity over the real numbers: NP-completness, recursive functions and universal machines. *Bull. Math. Am. Soc.*, 21, 1989.

[Bur00] Peter Burgisser. *Completeness and Reduction in Algebraic Complexity Theory*. Springer, 2000.

[Bur01] Peter Burgisser. On implications between P-NP hypotheses: Decision versus computation in algebraic complexity. 2001.

[Cal11] Timothy Caley. The Prouhet-Tarry-Escott problem for gaussian integers. 2011.

[Coo71] Stephen Cook. The complexity of theorem proving procedures. pages 151–158, 1971. *Proceedings of the Third Annual ACM Symposium on Theory of Computing*.

[Erd60] Paul Erdős. Remarks on number theory. III. On addition chains. *Acta Arithmetica*, 6:77–81, 1960.

[Fla99] Achim Flammenkamp. Integers with a small number of minimal addition chains. *Discrete Mathematics*, 205:21–38, 1999.

[GRS62] A.A Gioia, M.V. Subba Rao, and M. Sugunamma. The Scholz-Brauer problem in addition chains. *Duke Math. J.*, 29:481–487, 1962.

[Han59] Walter Hansen. Zum Scholz-Brauerschen problem (german). *J.Reine Angew. Math.*, 202:129–136, 1959.

[Heb74] Kevin R. Hebb. Some problems on addition chains. *Notices Amer. Math Soc.*, 21:A–294, 1974.

[HW38] G.H. Hardy and E.M. Wright. *An Introduction to the Theory of Numbers*. Oxford University Press, 1938.

[Knu73] D. E. Knuth. *The Art of Computer Programming Vol. II: Fundamental Algorithms*. Addison-Wesley, 1969, 1973.

[Koi04] Pascal Koiran. Valiant's model and the cost of computing integers. *comput.complex.*, 13:131–146, 2004.

[Lip94] Richard J. Lipton. Straight-line complexity and integer factorization. *Algorithmic number theory, Lecture Notes in Comput. Sci.*, 877:71–79, 1994.

[Mot69] T. S. Motzkin. Evaluation of polynomials and evaluation or rational functions. *Bull. Amer. Math. Soc.*, 61:163, 1969.

[Nis91] N. Nisan. Lower bounds for non-commutative computation. pages 410–418, 1991. *Proceedings of the 23rd annual ACM Symposium on Theory of computing.*

[Ost54] A. Ostrowski. On two problems in abstract algebra connected with Horner's rule. *Studies in mathematics and mechanics presented to Richard von Mises*, pages 40–48, 1954.

[Pip80] Nicholas Pippenger. On the evaluation of powers and monomials. *SIAM J. Comput.*, 9:230–250, 1980.

[PS73] Michael S. Paterson and Larry J. Stockmeyer. On the number of nonscalar multiplications necessary to evaluate polynomials. *SIAM J. Comput.*, 2(1), 1973.

[Pud94] P. Pudlak. Communication in bounded-depth circuits. *Combinatorica*, 4(2):203–216, 1994.

[Raz05] Ran Raz. Lower bounds for algebraic circuits. The 2005 Barbados Workshop on Computational Complexity, 2005.

[Raz10] Ran Raz. Elusive functions and lower bounds for arithmetic circuits. *Theory of Computing*, 6:135–177, 2010.

[Sch37] A. Scholz. Jahresber. deutsch. math.-verein. *Theot. Comput. Sci.*, 47:41–43, 1937.

[Sch75] A. Schonhage. A lower bound for the length of addition chains. *Theoret. Comput. Sci.*, 1:1–12, 1975.

[Sto69] Kenneth B. Stolarsky. A lower bound for the Schaulz-Brauer lower bound. *Canadian journal of Mathematics*, 21:675–683, 1969.

[Str69] Volker Strassen. Gaussian elimination is not optimal. *Numer. Math.*, 13:354–356, 1969.

[Str73a] V. Strassen. Die berechnungskomplexitat von elementarsymmetrischen funktionen und von interpolationskoeffizienten. *Numerische Mathematik*, 20:238–251, 1973.

[Str73b] V. Strassen. Vermeidung von divisionen. *J. Reine Angew. Math.*, 264:182–202, 1973.

[SW01] A. Shpilka and A. Wigderson. Depth-3 arithmetic circuits over fields of characteristic zero. *Computational Complexity*, 10(1):1–27, 2001.

[Tav09] Antoine Taveneaux. Etudes de quelques familles de polynômes à la lumière de la complexité algébrique. Rapport de stage au département d'informatique et de recherche opérationnelle à l'Université De Montréal, 2009.

[Thu73] Edward G. Thurber. On addition chains l(mn) ≤ l(n)-b and lower bounds for c(r). *Duke Math. J*, 40:907–913, 1973.

[Thu99] Edward G. Thurber. Efficient generation of minimal length addition chains. *SIAM J.COMPUT.*, 28(4):1247–1263, 1999.

[Utz53] W. R. Utz. A note on the Schaulz-Brauer problem on addition chains. *Proc. Amer. Math. Soc*, 4:462–463, 1953.

[Val79a] L.G. Valiant. Completness classes in algebra. pages 249–261, 1979.

[Val79b] L.G. Valiant. The complexity of computing the permanent. *Theot. Comput. Sci.*, 8:189–201, 1979.

[VSBR83] L.G. Valiant, S. Skyum, S. Berkowitz, and C. Rackoff. Fast parallel computation of polynomials using few processors. *Siam journal on computing*, 12(4):641–644, 1983.

[Win67] S. Winograd. On the number of multiplications required to compute certain functions. *Proc.Nat. Acad. Sci. U.S.A*, 58:1840–1842, 1967.

[Wri59] E.M. Wright. Prouhet's 1851 solution of the Tarry-Escott problem of 1910. *Amer. Math. Monthly*, 66:199–201, 1959.

www.ingramcontent.com/pod-product-compliance
Lightning Source LLC
LaVergne TN
LVHW042342060326
832902LV00006B/332